Die Deutsche Bibliothek - CIP-Einheitsaufnahme
Reise-Erfahrungen hautnah
SIKKIM
Hannelore M. Wagner
ISBN 3-9805402-3-5
DM 29,80
Alle Rechte vorbehalten:
© 1997 Fly & Fun-Verlag, Hannelore M. Wagner
Graudenzer Str. 10, D-81927 München
Fotos Innenteil: Hannelore M. Wagner
Lithographie : YxyMaster GmbH, München
Titelgestaltung: Hannelore M. Wagner
Druck u. Bindung: Pinsker-Verlag, Mainburg

SIKKIM

Reise-Erfahrungen hautnah

Hannelore M. Wagner

Ich danke meiner „alten" Reisebegleiterin und ehemaligen Arbeitskollegin, die trotz gesundheitlicher Probleme durchhielt sowie ihr Verständnis für mich, so viel wie möglich sehen zu wollen.

Hannelore M. Wagner

Sommer 1997

Inhaltsverzeichnis   Seite

VORWORT

Wie in den vergangenen Jahren überlegten meine ehemalige Kollegin und ich, wohin wir unsere Reise über Weihnachten dieses Mal machen sollten. Wir wollten Land und Leute kennenlernen ohne große Gruppen, möglichst nur zu zweit, waren dafür aber bereit, auf einige Bequemlichkeiten zu verzichten. Auch sollte unser Ziel nicht schon durch Massentourismus und dessen nicht immer vorteilhafte Auswirkungen bekannt sein.

Durch Zufall erfuhr ich, daß es wieder möglich ist, Sikkim zu bereisen, nachdem es lange Zeit für Touristen gesperrt war. Bei dem Namen Sikkim erinnerte ich mich noch sehr gut an die vielen Berichte bezüglich der Hochzeit des damaligen Königs Palden Thondus mit einer amerikanischen Studentin, worüber 1963 in den Boulevardzeitungen ausführlich geschrieben wurde. Die beeindruckenden Fotos des kleinen Königreiches hatte ich noch gut im Gedächtnis. So überredete ich meine Bekannte, mit mir nach Sikkim zu fliegen.

Nepal kannten wir bereits und da es in Sikkim keinen Flughafen gibt, beschlossen wir, über Kathmandu in den jetzt indischen Bundesstaat Sikkim zu fahren.

Ein Reiseveranstalter in München ging auf unsere Wünsche ein und machte sich an die Arbeit; er sorgte für die Reservierung von Flügen, Hotels und Reiseleitung. Ebenso besorgte er uns die Visa für Indien und die zusätzliche Einreise-Genehmigung für Sikkim. Dieser indische Bundesstaat ist nicht mit dem großen Mutterland zu vergleichen. Es fängt bereits bei der Religion an; Indien ist hauptsächlich hinduistisch, während in Sikkim der Buddhismus vorherrscht. Die Bewohner stammen größtenteils von eingewanderten Nepalis, Tibetern und Bhutanesen ab, so daß die gesamte Kultur bunt zusammengewürfelt ist. Die Sikkimesen müssen sich auch mit ganz anderen Problemen, schon aufgrund ihrer geographischen Lage - eingebettet in die Berge des Himalaya -, auseinandersetzen. Die Dörfer liegen sehr weit auseinander und sind zum Teil wie Vogelnester an die Berghänge geklebt. Wir haben Einblick bekommen in das Leben eines sehr freundlichen, religiösen, hilfsbereiten Volkes und werden diese beeindruckende Reise in die Bergwelt des Himalaya sowie die buddhistischen Klöster mit ihren immer lächelnden Lamas nie vergessen. Wenn sich die Möglichkeit ergibt, mache ich mich bestimmt noch einmal auf den Weg dorthin.

Geographie KATHMANDU

Wichtige Daten:

Kathmandu:	ist die Hauptstadt des Königreiches Nepal
Lage:	eingebettet in einem Tal des Himalaya
Einwohner:	500.000 Menschen leben in der Stadt selbst, etwa 1 Million im Kathmandu-Tal
Regierung:	Konstitutionelle Monarchie
Amtssprache:	Nepali Englisch wird in Banken und Hotels gesprochen
Religion:	90 % Hindus 8 % Buddhisten 2 % Moslems und Christen
Klima:	Frühling und Herbst 10 bis 24 Grad Sommer 18 bis 32 Grad (Regenzeit) Winter 2 bis 14 Grad

KATHMANDU

Nachdem wir alle Papiere vom Reiseveranstalter abgeholt haben - die Visa für Nepal, Indien und Sikkim sind in unseren Pässen eingestempelt - treffen wir uns am Flughafen für unseren Nachtflug von München nach Kathmandu. Die Koffer aufzugeben ist noch kein Problem bei den üblichen 20 kg Freigepäck, aber zum Heimflug dürfte vermutlich das Gepäck wieder einmal schwerer geworden sein.

Ich freue mich darauf, wieder nach Kathmandu zu kommen, um vielleicht meinem Lieblingstempel einen Besuch abstatten zu können. Mit dieser Vorfreude - und dann noch Urlaub - vergeht die Flugzeit von doch etwa 11 Stunden schnell. Zum Abendessen trinken wir noch ein Bierchen und schlafen dann zusammengerollt in unseren Sitzen ein.

Bevor das Frühstück serviert wird, wozu der Pilot die Festbeleuchtung bereits eingeschaltet hat, werden noch feuchte Tücher gereicht, um die „Sandmännchen" aus den Augen zu bekommen. Unser Flieger landet pünktlich auf dem neuen Flughafen in Kathmandu. Bei meinem letzten Besuch hatten wir Landeprobleme aufgrund des dichten Nebels über der Stadt. Der Zeitunterschied zu Deutschland beträgt vierdreiviertel Stunden, so daß hier schon später Vormittag ist.

Nach dem Auschecken erwartet uns ein freundlicher Nepali (der sogar etwas Deutsch spricht), und verfrachtet uns in das gebuchte Hotel am Stadtrand, das früher ein Königspalast war und nun Gästen zur Verfügung steht. Das Zimmer ist ein

„Traum"; es eignet sich hervorragend für ein längeres Nickerchen und um so richtig zu entspannen.

Der nette Reiseleiter kommt erst morgen früh wieder, um uns, oh große Freude, zu meinem Lieblingstempel - dem Kloster Swayambhunath - zu bringen und einen Bummel durch Kathmandu zu machen, bevor die Reise weitergeht.

Am Nachmittag können wir tatsächlich, und dies im Dezember, die Sonne im Hotelgarten genießen und sind in aufgeregter Erwartung, was uns wohl alles an Überraschungen und Aufregungen in nächster Zeit bevorstehen wird.

Das Abendessen nehmen wir im eleganten Hotelrestaurant ein und ziehen uns für heute bald zurück. Wir wollen morgen früh ausgeschlafen und aufnahmefähig unsere Erinnerungstour durch die Stadt antreten.

Pünktlich um 8.00 Uhr wartet der nette Nepali in der Hotelhalle. Er kommt sofort meinem Wunsch nach, unsere Tour mit dem Tempel Swayambhunath zu beginnen. So fahren wir in seinem Auto in Richtung Tempel, kommen am neuen Königspalast vorbei und sind erstaunt, eine große Anzahl Militärs im Garten zu sehen. Wir erfahren, daß die riesige Ehrengarde zum Geburtstag des Monarchen, König Birendra Bir Bikram Sha Deva, angetreten ist um zu gratulieren. Bestimmt wäre es sehr interessant, dazu „eingeladen" zu werden, aber ich frage gar nicht danach, denn unsere Chancen dürften gleich Null sein.

Unser Begleiter hat Mitleid, wir müssen nicht die 365 Stufen zum Tempel emporklettern, sondern er fährt uns fast hinauf. Das letzte Stück zu schaffen ist kein Problem. Doch beim Aussteigen erwarten uns auch schon hier Andenkenhändler, die es bei unserem ersten Besuch noch nicht gegeben hatte.

Der Stupa von Swayambhunath

Der Tempel Swayambhunath steht mehr als 2000 Jahre und ist der älteste buddhistische Tempel in Nepal. Die Gründung dieses Hauptheiligtums geschah laut einer Sage zum selben

Zeitpunkt, zu dem der Bodhisattva Manjushri das Kathmandu-Tal erschaffen haben soll. Hier beten und opfern gläubige Buddhisten sogar bis aus Tibet, aber auch Hindus. Der Hinduismus ist zwar die Staatsreligion Nepals, aber durch die große Anzahl hier lebender Tibeter ist auch der Buddhismus allgegenwärtig. Der Stupa ist mit einer großen Anzahl von im Winde wehenden Gebetsfahnen in verschiedenen Farben geschmückt. Die Stoffteile sind mit Gebeten bedruckt und der Wind weht die Gebete gen Himmel. Unterhalb des Stupa sind in Nischen ringsrum zahlreiche Statuen, hinter Gittern allerdings, aufgestellt. Hier turnen die zwischenzeitlich noch mehr gewordenen Affen herum, die von den Aufsehern der Tempelanlage immer wieder verscheucht werden. Die Aktion hilft allerdings nicht lange und sie sind wieder da. Die Affen können ziemlich aufdringlich sein und deshalb ist angeraten, sie keinesfalls zu füttern; denn im Grunde sind es doch wilde Tiere, die auch einige Krankheiten übertragen können. Leider haben wir heute kein Glück, direkt an einer Messe der Lamas im hinteren Teil des Hauptgebäudes teilnehmen zu können. So schlendern wir über die große Anlage und genießen die Aussicht über Kathmandu.

Beim Rundgang fällt uns eine junge Familie auf, die mir einen Mani-Stein verkaufen möchte. Unser Reiseleiter erzählt uns, daß diese Leute mit ihren kleinen Kindern 20 Tage zu Fuß über den Himalaya aus Tibet kommen, um den eiskalten Winter im doch angenehmeren Klima in Kathmandu zu verbringen. Mit dem Verkauf solcher kleiner Gebetssteine finanzieren sie ihren sehr dürftigen Lebensunterhalt. Nach dieser Aussage handele ich nicht mehr um den Preis und kaufe den jungen Leuten mein erstes Souvenir ab.

15

Junge Familie aus Tibet

Bettelmönch

Bei einem gelb-gekleideten Mönch mit einer Holzschale in
den Händen erfahren wir, daß es sich hier um einen Bettelmönch handelt, der nicht für sein ganzes Leben in ein Kloster eingetreten ist, sondern nur eine bestimmte Zeit im Kloster verweilt. In dieser Zeit muß er von dem leben, was die
Gläubigen ihm spenden, dabei ist es egal, ob es sich um Eß-
bares oder um Geld handelt. Wenn ein Gläubiger diesen
Leuten etwas gibt, ist dies auf jeden Fall für dessen Karma
von Vorteil.

Hindu-Opfertempel in Swayambhunath

Nun müssen wir aber Swayambhunath wieder verlassen und fahren in die Stadt zurück, um noch einen Bummel durch die uralten Tempel und die geschichtsträchtige Basar-Straße zu machen. Diese Straße war lange Zeit wie ausgestorben, nun ist sie aber wieder zum Leben erwacht und macht mit ihren Angeboten dem Namen „Basar" alle Ehre. Schließlich war sie einmal die einzige Verbindung zwischen China und Europa während der legendären Zeit der „Seidenstraße". Am Ende der Basar-Straße kann ich nicht widerstehen und mein nächstes Andenken ist fällig. Ich entdecke eine riesige Auswahl von Marionetten mit zwei oder drei Gesichtern, alle stellen Gottheiten aus dem Hinduismus dar, diese Religion verfügt nunmal über eine sehr große Anzahl von Göttern.

Leider geht der Tag zu Ende und der „Stadtführer" bringt uns in's Hotel zurück. Morgen geht die Reise weiter, zuerst per Flug bis nach Biratnagar und dann per Auto weiter bis nach Darjeeling. Da diese Etappe doch sehr anstrengend wird, wollen wir den Tag nicht zu sehr in die Länge ziehen.

KATHMANDU - DARJEELING

Unser netter Nepali wartet bereits um 7.30 Uhr an der Rezeption des Hotels, um uns pünktlich am Flughafen abliefern zu können. Unser Flugzeug nach Biratnagar - im Osten von Nepal - startet vom „alten" Flughafen in Kathmandu. Hier werden die Inlandsflüge abgefertigt. Doch dort hinzukommen, ist ein kleines Problem; denn 200 Meter vor dem Airport ist die Straße gesperrt und wir müssen mit dem Gepäck zu Fuß unser Ziel ansteuern. Dieses Unterfangen verursacht jedoch einige Schwierigkeiten, die Koffer mit Rollen bleiben immer wieder in den Schlaglöchern stecken und drohen umzukippen. Da wir aber auch noch Reisetaschen umgehängt haben, ist das Ausbalancieren nicht ganz leicht. Doch mit unserem hilfreichen Reiseleiter schaffen wir es, das Flughafen-Gebäude zu erreichen. Elektronische Kontrollen gibt es hier noch nicht und so muß das Gepäck einzeln vor dem Kontrolleur geöffnet werden. Wir werden in einen schmalen Durchgang, an dessen Wand ein langer Tisch steht und auf unsere Koffer wartet, gebeten. Wie üblich, habe ich meinen Koffer wieder ziemlich voll gestopft, so daß es einerseits nicht ganz einfach ist, ihn zu öffnen, ohne daß bereits Wäschestücke herausquellen und andererseits - mit dem von der Decke bröckelnden Mörtel als zusätzlichen Inhalt - das Schließen nur mit Gewaltanwendung möglich ist. Aber mit vereinten Kräften schaffen wir es. Natürlich fand der Zollbeamte in unseren Gepäckstücken nichts, was er hätte beanstanden können. Die Herren sind nur scharf auf Rauschgift und Waffen, aber mit solchen Dingen hat man sowieso besser nichts zu tun. So läßt er uns dann in Richtung des bereits wartenden Fliegers weiterziehen.

Auf unseren Tickets steht als Fluggesellschaft „N 3", worunter wir uns herzlich wenig vorstellen können. Erst beim Einsteigen erfahren wir, daß sich hinter dieser Bezeichnung die kleine Fluggesellschaft „Necon Air" verbirgt, die nur Inlandsflüge durchführt. Ganz geheuer ist mir die Aussicht nicht, mit einer vollkommen unbekannten kleinen Fluggesellschaft über den Himalaya zu fliegen. Aber nachdem sogar ein nepalesischer Minister einsteigt, der mit Sicherheit auch zu seinem vorgesehenen Ziel gelangen möchte, bin ich einigermaßen beruhigt. Meine Reisebegleiterin ist bei dem Anblick der kleinen Maschine ganz ruhig geworden. Aber tapfer wie sie ist, versucht sie ihre Mulmigkeit doch zu verbergen.

Beim Einsteigen in den Flieger stellen wir fest, daß unsere beiden Sitze auf der rechten Seite, die Bergriesen aber nur von der linken Sitzplatzseite zu bewundern sind. Endlich startet unser „Superjet" und ich überlege bereits, was ich anstellen könnte, um die beiden Inder neben uns zu bewegen, vielleicht mit uns die Plätze zu tauschen. Als ich einige Male, an ihrer Nase vorbei, versuche, die himmlische Aussicht auf die Himalaya-Bergkette mit meinem Fotoapparat festzuhalten, verstehen sie endlich und bieten uns ihre Plätze an. Gleichzeitig machen sie Andeutungen, bei Interesse Geld schwarz zu wechseln und das im Flugzeug! Selbstverständlich lehnen wir dieses Angebot höflich aber bestimmt ab. Wer weiß, am Ende sitzt in der Reihe davor ein Beamter, dem dieses Geschäft vielleicht nicht paßt und dann würden wir eventuell Schwierigkeiten bekommen. Außerdem wurden wir darauf aufmerksam gemacht, daß keine indischen Rupien nach Indien eingeführt werden dürften.

Obwohl meine Begleiterin auf einen Platzwechsel aus Zurückhaltung beinahe verzichtet hätte, ist sie nun doch froh, das Angebot angenommen zu haben. Der Flug entlang der Schneeriesen ist wunderschön und wirklich sehr beeindruckend; ich fotografiere jedenfalls, was das Zeug hält. Ob die Bilder durch das kleine Fensterchen auf diese Entfernung was werden, läßt sich natürlich erst wieder in Europa feststellen, ein Versuch ist es jedenfalls wert. Beim Anblick dieser riesigen Berge wird man ganz klein.

Unsere Landung in Biratnagar wird von einer großen Anzahl von Leuten, mit kleinen Blumensträußen in den Händen, erwartet. Sie stehen am Rand des Flugfeldes zum Empfang des Ministers bereit. Nach dem Aussteigen aus der Maschine werden wir ganz aufgeregt von den Flughafen-Mitarbeitern gebeten, schnellstmöglichst das „große" Flugfeld zu verlassen und uns in das Gebäude zu begeben. Ich selle mich unter die Eingangstüre und versuche mit gezückter Kamera die Ankunft des Ministers auf's Bild zu bekommen. Doch das Empfangskomitee umringt den Herrn so dicht, daß absolut nichts von ihm zu sehen ist.

Im Gebäude hoffen wir, unser Gepäck zu bekommen. Außerdem sind wir natürlich neugierig, wer uns hier erwartet, schließlich müssen wir einige Zeit zusammen auskommen. Auf zwei großen Schubkarren wird das gesamte Fluggepäck hereingerollt und die Passagiere stürzen sich darauf, ihr Gepäck, wenn notwendig auch von ganz unten, von dem Schubkarren zu zerren. Seltsamerweise geht diese Gepäckausgabe doch schnell und unsere Sachen sind sogar mit dabei.

Eine zierliche Inderin kommt auf uns zu und fragt nach den Namen mit der Bemerkung, sie solle zwei Touristinnen abholen. Da außer uns nur Einheimische angekommen sind, ist die Auswahl nicht groß und wir freuen uns sehr, in einem Land, in dem die Männer das Sagen haben, eine weibliche Reiseleiterin zu haben. Es wird bestimmt ganz lustig werden, wenn drei Frauen durch Sikkim touren. B.K., so die Abkürzung des Vornamens der jungen Inderin, bringt uns aus dem Gebäude zum wartenden Auto mit Fahrer. Auch unser Chauffeur ist sehr sympathisch. Beide wohnen in Darjeeling und sind heute morgen schon um 4.00 Uhr losgefahren - jetzt ist es 14.00 Uhr - um uns pünktlich abzuholen. Da ab jetzt noch eine große Strecke vor uns liegt, ist Eile geboten, das Gepäck zu verstauen und loszufahren. Es geht nun zur nepalesisch-indischen Grenze und weiter nach Darjeeling.

Die Straße ist verhältnismäßig gut ausgebaut, wenn auch ohne Randbegrenzung und ziemlich schmal, aber doch ohne Schlaglöcher, so daß wir schnell vorwärtskommen. Am Straßenrand fallen uns immer wieder verschieden große Steine auf und wir erfahren, daß hier Buddhisten beerdigt sind, es sich also um einen weitläufigen Friedhof handelt. Nur Hindus, außer den Saddhus (heilige Männer), werden verbrannt, während man die Buddhisten, wie größtenteils auch die Christen, beerdigt.

Buddhisten-Friedhof am Straßenrand

Verbindungsstraße von Nepal nach Indien

Ein Lastwagen überholt uns trotz der schmalen Straße, auf der Anhänger-Kupplung sitzt quitschvergnügt ein junger Nepali mit einem kleinen Affen. Diese Transportmöglichkeit wäre für einen Europäer undenkbar; die Polizei würde sofort Strafzettel verteilen und dieser Fahrweise ein Ende bereiten.

Nepali mit Affen auf der Anhängerkupplung eines LKW

Beim Überqueren einer Brücke hält unser Fahrer plötzlich an und zeigt nach unten zum flachen, aber breiten, Flußbett. An drei Stellen finden Verbrennungen von Hindus statt. Eine Zeremonie ist bereits zu Ende und so fegen die Angehörigen die Asche des Toten und des verbrannten Scheiterhaufens zusammen und einfach in den Fluß.

Hindu-Verbrennung

Ende der Verbrennungs-Zeremonie

Wir fahren weiter zur Grenze und freuen uns, ein paar Schritte laufen zu können, vor allem aber unseren Durst zu löschen. Seit dem Frühstück sind inzwischen einige Stunden vergangen und mit ein paar saftigen Mandarinen tun wir unserem Magen etwas Gutes.

B.K. und Amal, unser Fahrer, bitten um unsere Ausweis-Papiere und gehen gemeinsam in das Zollbüro. Sie hoffen, die Ausreise-Formalitäten aus Nepal schnell erledigen zu können. Es klappt auch ganz gut und stolz erscheinen sie wieder, daß nicht zu viel Zeit verloren ging. Doch bei der Einreise nach Indien geht es nicht so flott. Der alte Herr in seinem baufälligen Zollgebäude nimmt die Angelegenheit sehr genau. In sein großes Buch trägt er alle Angaben unserer Pässe ein. Aber nun will er auch noch unseren Beruf und die

Namen unserer Eltern wissen, wenn wir schon „ohne" männliche Begleitung nach Indien einreisen. Wir erklären ihm, daß diese Angaben ihm wohl nichts nützen dürften, da unsere Eltern bereits verstorben sind. - Wer soll eigentlich diese Angaben in den dicken Wälzern jemals nachprüfen? - Nachdem er sich lange genug wichtig gemacht und eine Anzahl von Stempeln benutzt hat, bekommen wir endlich unsere Papiere zurück und dürfen nach Indien einreisen. An der Grenze Geld zu tauschen, auch noch auf der nepalesischen Seite, ist kein Problem. Mit dem Stempel der Wechselstube auf dem Tauschbeleg darf also doch Geld nach Indien eingeführt werden. Endlich wird der Grenzbalken von einem Beamten hochgezogen, durch eine Rikscha-Invasion fahren wir weiter auf indischer Seite. B.K. erzählt uns, daß diese Rikschas die Leute bis zur Grenze bringen, sie dürfen diese aber nicht überfahren, vermutlich haben sie auch keine Ausweise.

Nepalesische Grenze

Rikschas an der indischen Grenzstation

Am späten Nachmittag machen wir fast schlapp, da wir Hunger und Durst haben und das eintönige Geräusch des PKW`s auch nicht eben aufmunternd wirkt. Endlich läßt sich Amal überzeugen und fährt mit uns zu einem indischen Restaurant, von dem er meint, hier könnten auch Touristen essen. Er hat recht, das Essen - Reis mit Gemüse - schmeckt hervorragend. Wir bekommen auch noch eine Kanne Tee serviert; so begeben wir uns satt und zufrieden auf unsere letzte Etappe für heute. Die Sonne geht bereits unter und Amal ist nicht begeistert, das letzte Stück nach Darjeeling in finsterer Nacht zu fahren. Der Tag war lang und so nicken wir immer wieder ein, aber nur, bis die letzten 50 Kilometer anbrechen. Auf dieser Serpentinenstraße in die Berge ist festhalten angesagt, wir kippen auf unseren Sitzen immer wieder von der einen auf die andere Seite.

Am späten Abend kommen wir endlich in unserem Hotel in Darjeeling an. Daß wir uns auf ein Bett freuen, brauche ich wohl nicht besonders zu erwähnen.

Geographie DARJEELING in Westbengalen

Wichtige Daten:

Provinzhauptstadt:	Darjeeling
Bundeshauptstadt:	Kalkutta
Fläche:	3188 qkm aufgeteilt in 3 Unterbezirke Darjeeling, Kalimpong und Kurseong
Staatsform:	Indische Republik
Währung:	Indische Rupien 1 Rupie = 100 Paise
Sprache:	Amtssprache Hindi außerdem Nepali und Englisch
Religion:	83 % Hindus 5 % Muslime 12 % Buddhisten und Christen
Klima in Darjeeling:	Sommer 8 bis 15 Grad Winter 1 bis 6 Grad

Geographische Lage:

Westbengalen erstreckt sich vom Himalaya bis hin zum Golf von Bengalen. Seit jeher waren die Bengalen ein seefahrendes Volk, das mit Sri Lanka, Sumatra und Java Handel betrieb und dessen Land von Griechen, Chinesen und Persern auf dem Land- und Seeweg aufgesucht wurde. Lord Curzon versuchte 1904 das Land in einen Hindu-Osten und Moslem-Westen aufzuteilen, das jedoch nicht gelang. Der indische Nationalismus wehrte sich entschieden dagegen.

Der Distrikt Darjeeling liegt im Norden des Bundesstaates Westbengalen. In der Provinzhauptstadt leben etwa 70.000 Menschen, im gesamten Distrikt mit Siliguri mehr als 1 Million. Der Ort Darjeeling liegt auf einem 2150 Meter hohen Bergrücken, auf den letzten 30 Kilometern sind 1500 Höhenmeter zu überwinden. Im Distrikt Darjeeling leben Nepalis verschiedener Volksstämme; Lepchas, Tibeter und Bhutias, auch Inder und Bangladeshis, ein multikultureller Schmelztiegel.

Darjeeling ist bekannt für seinen Tee-Anbau. Stolz nennen ihn die Einwohner den „Champagner des Tees". Die Briten haben in den frühen 40er Jahren Teepflanzen aus China eingeschmuggelt und große Plantagen im Bereich Darjeeling angepflanzt. Es wurden nepalesische Arbeiter zur Pflanzung und Ernte unter der Aufsicht von chinesischen Tee-Experten eingesetzt. Das Klima in Darjeeling ist ideal für den Tee-Anbau, da die gleichmäßige Feuchtigkeit das ganze Jahr über garantiert ist. Im Jahresdurchschnitt fallen zwischen 200 und 400 Millimeter Niederschlag im Monat. Gerade beim Darjeeling-Tee ist die Bezeichnung der Sorten von großer Wichtigkeit:

Golden Flowery Orange Pekoe	1. Wahl (ganze Blätter)
Golden Broken Orange Pekoe	2. Wahl (gebrochene Blätter)
Orange Fannings	3. Wahl (kleine Blattstückchen)
Dust	4. Wahl (Teestaub für Teebeutel)

In Kurseong, auf 1500 Meter Höhe, liegen die meisten Plantagen. Hier wird der Tee rein organisch und ohne Pestizide angebaut und erzielt auf dem Weltmarkt die höchsten Preise.

Politische Lage:

Westbengalen ist einer der 22. Bundesstaaten Indiens, zuzüglich 9 zentral verwaltete Unionsterritorien. Indien wurde am 15.8.19947 aufgrund des persönlichen Einsatzes von Mahatma Gandhi unabhängig.

Die frühe Geschichte Darjeelings ist weitgehend unbekannt. Das Gebiet erstreckte sich über das heutige Sikkim, dem Darjeeling-Distrikt bis zum Ha-Tal in West-Bhutan und dem Arun-Fluß in Ost-Nepal. Ureinwohner sind die Lepchas, Limbus, Rai und Magar, die zu den nepalesischen Volksgruppen zählen. Im 13. oder 14. Jahrhundert kamen die ersten Einwanderer aus Ost-Tibet und zwar aus der Provinz Kham. Sie waren Nyingmapa-Buddhisten (Rotmützen). Aus ihrer Mitte wurde Phuntsok Thondup Namgyal 1642 zum ersten König von Sikkim gewählt mit dem Einverständnis der Urbevölkerung.

Spätere Einwanderer und die Briten gaben dem Volk den gemeinsamen Namen „Lepcha", selbst nannten sie sich jedoch „Rong". Sie hatten ihre eigene Religion mit den Göttinnen „Itbu Debu Rum" und „Itbu-moo" als Schöpferinnen an der Spitze. Auf simplen Steinaltären brachten die Schamanen Opferungen dar.

Unruhige Zeiten begannen bereits vor knapp 300 Jahren. 1706 besetzten Bhutanesen Kalimpong und Umgebung. 1780 kamen die Truppen des nepalesischen Herrschers und eroberten Dorje Ling, das heutige Darjeeling, West-Sikkim und die damalige Hauptstadt Rabdentse, nahe dem Kloster Pemayangtse. Mit den Soldaten kamen auch Einwanderer aus Nepal. Darjeeling gehörte bis 1835 zum Königreich Sikkim. Ein kurzer Krieg zwischen den Briten und Bhutan verhalf dann, die Provinz zu vergrößern, da Kalimpong und Umgebung Darjeeling zugesprochen wurden. 1907 kam Siliguri dazu, somit war der heutige Darjeeling-Distrikt komplett.

DARJEELING

Als wir gestern am späten Abend in Darjeeling ankamen, haben wir vom Hotel leider nicht mehr viel gesehen oder überhaupt nicht zur Kenntnis genommen. Wir wollten unser müdes Haupt endlich schlafenlegen. Zur großen Überraschung hat uns das äußerst zuvorkommende Bedienungspersonal des Hotels ein „Hot Water Bag" - heiße Wärmeflasche -, in´s Bett gelegt, die wir sehr zu schätzen wußten. Geschlafen haben wir jedenfalls wie die Murmeltiere.

Es ist 5.00 Uhr am frühen Morgen bei 10 Grad minus. Darjeeling liegt 2150 Meter über dem Meeresspiegel und klebt wie ein Vogelnest auf dem Bergrücken. Das Klima ist hier doch etwas rauher als in Nepal. Die Stadt, in den südlichen Vorbergen des Himalaya gelegen, hat etwa 70.000 Einwohner und wurde hauptsächlich berühmt und bekannt durch ihren Tee-Anbau. Dieser fantastische Tee wird in alle Welt exportiert und ist die Haupteinnahmequelle des gesamten Gebietes hier. Aufgrund der klaren Luft sehen wir bereits die weißen Schneespitzen der Berge in der Morgendämmerung auftauchen.

Da das Personal um diese Zeit noch nicht vollzählig ist, bekommen wir nur eine Tasse heißen Tee; das Frühstück ist noch nicht fertig, (wäre es allerdings bei uns wohl auch noch nicht). Aber Hauptsache, wir bekommen etwas Warmes in den Magen. Die Räumlichkeiten sind nicht geheizt und so frösteln wir leicht.

Unser Ausflug heute morgen führt uns in die Berge zu einem einzigartigen Naturschauspiel. Der Jeep ohne Fenster, dafür aber mit total glatten Reifen - von wegen Profil - fährt mit uns die vereiste Serpentinenstraße hinauf zum „Tiger Hill". Es zieht wie Hechtsuppe und wir sind froh, Pullover anzuhaben und unsere Kragen hochstellen zu können. Nicht sehr gemütlich. Nach unserer 45minütigen Fahrt, die wir aufgrund der Fahrweise unseres Chauffeurs nicht besonders genießen konnten, erreichen wir das Plateau des Tiger Hill in 2700 Metern. Hier tummelt sich bereits eine größere Menschenmenge, hauptsächlich indische Touristen; die meisten haben zwar einen dicken Schal um den Kopf gewickelt, die Füße aber sind nackt. Scheinbar frieren sie nur am Kopf, nicht an den Füßen. Alles wartet gespannt auf den Sonnenaufgang und zittert vor sich hin.

Ganz langsam, hinter dem Kanchenjunga, es ist einer der 14 Himalaya-Riesen mit 8586 Metern Höhe, kommt die Sonne herauf, während der Mond auch noch am Himmel steht. So beleuchten Sonne und Mond aus verschiedenen Himmelsrichtungen gleichzeitig den Kanchenjunga und tauchen den Bergkamm in ein rosarotes Licht. Inzwischen ist jeder von diesem Naturschauspiel so fasziniert, daß kein Laut mehr zu hören ist. Ich versuche, in die aufgehende Sonne zu fotografieren, nicht ganz einfach, denn sie blendet sehr. Leider dauert dieses wunderschöne, beeindruckende und unvergeßliche Erlebnis nur etwa eine Viertelstunde. Nach der Anspannung macht sich nun Frühstücks-Hunger bemerkbar. Um diesen zu stillen, müssen wir uns jedoch noch etwas gedulden.

Sonnenaufgang über dem Kanchenjunga

Wir lassen unseren Fahrer den Jeep am vereisten Berghang allein umdrehen, die Straße ist nämlich nur wenig breiter als das Auto und somit die Prozedur des Wendens nicht ganz ungefährlich. Ich wundere mich immer wieder, wie die Leute in Fernost es schaffen, solche Situationen zu meistern. Es geht gut und wir können unseren fahrbaren Untersatz wieder besteigen. Mit den anderen Jeeps im Konvoi verlassen wir den Tiger Hill wieder in Richtung Darjeeling. Die Luft hat sich spürbar erwärmt, die Rückfahrt wird zum „Genuß".

Unser Frühstück muß immer noch warten, denn wir machen zuvor noch einen Abstecher in das kurz vor Darjeeling, auf 2483 Metern Höhe, gelegene Kloster GHOOM. Es wurde 1850 von Lama Sherab Gyantso gebaut und gehört der buddhistischen Gruppe der Gelbmützen. Da es derzeit renoviert wird, können wir leider nur einen Teil besichtigen und fotografieren.

Kloster Ghoom

40

Kleine Buddhas im Kloster Ghoom

Anschließend machen wir uns auf den Weg in´s Hotel, wo hoffentlich Wärme und Labung warten. Nach einem ausgiebigen Frühstück, das uns enorme Energie verschafft, wollen wir nun die Sehenswürdigkeiten von Darjeeling besichtigen.

Der Weg führt uns zur „Toy Train", der alten Schmalspur-Eisenbahn, die bereits 1881 in nur zwei Jahren Bauzeit fertiggestellt wurde. Als B.K. uns anbietet, mit diesem altertümlichen Verkehrsmittel zu fahren, lehnen wir dankend ab. Der Zug macht einen richtig putzigen Eindruck und benötigt für die 60 Kilometer und 2400 Meter Höhenunterschied von Siliguri nach Darjeeling ganze acht Stunden, aber Zeit spielt hier keine Rolle. Für Eisenbahn-Freaks jedoch das absolute Non-Plus-Ultra. Diese Eisenbahn wird von der indischen Tourismus-Behörde als die am höchstgelegene der Welt an-

41

gepriesen. Bei unserer gestrigen Fahrt konnten wir die schmalen Gleise sehen, die sich wie eine Schlange um die Berghänge winden. Angeblich ist noch nie etwas passiert, aber nicht vorzustellen, wenn dieser Miniatur-Zug einmal zu viel Fahrt aufnimmt und dann hinunterkugelt; ich möchte dann nicht darin sitzen.

Schmalspur-Eisenbahn von Darjeeling

In Siliguri gibt es einen kleinen Flughafen für Inlandsflüge, so daß ein Besuch auch von dort aus nach Darjeeling und Sikkim unternommen werden kann. Auch können Überlandsstraßen und Züge von Siliguri bis Darjeeling und Sikkim benutzt werden.

Bei unserem Bummel durch die Straßen von Darjeeling müssen wir ganz schön pusten. Von der Hauptstraße, die mit unseren Dorfstraßen zu vergleichen ist, gehen immer wieder Seitenstraßen ab. Diese sind nur von Fußgängern zu benutzen und über Treppen ganz schön steil und lang. Hinunter zu steigen ist kein Problem, aber wir müssen auch wieder hinauf!

Da ich unbedingt in das Tibet-Zentrum von Darjeeling möchte, erklärt sich Amal bereit, uns dort hinzubringen. Durch Teeplantagen außerhalb des Ortes - die Büsche sind nur etwa 50 cm hoch - geht es bergan; auf einem kleinen Berg-Plateau befindet sich das Tibet-Zentrum. Hier haben eingewanderte Tibeter ein Handwerkszentrum eingerichtet, das heimatliche Sachen herstellt wie Teppiche, Jacken, Schuhe und Figuren aus der Mythologie. Im Hof des Zentrums sehen wir verwundert zu, wie ein Mann Baumwolle verarbeitet. Er zerrupft die kleinen weißgrauen Büschel und steckt sie in einen vorbereiteten Baumwollsack, so entsteht eine Matratze. B.K. sucht den Zuständigen für das Ladengeschäft im Zentrum; denn hier können wir sehen, wie und was alles hergestellt wird und vielleicht auch etwas kaufen. Für das Klima in den Bergen möchte ich mir gerne eine Tibeter-Jacke kaufen, die, wie ich weiß, aus Yak-Wolle gefertigt werden und sehr angenehm zu tragen sind. Meine Begleiterin ist genauso verfroren wie ich und nun versuchen wir, eine dieser Jacken zu bekommen. Ganz einfach ist die Erfüllung unseres Wunsches nicht, denn die Bergvölker haben nicht unsere Ausmaße, sind sie doch um einiges zierlicher. Demnach hält sich die Auswahl in Grenzen. Wir geben nicht auf und werden fündig, bezahlen pro gewalkte, bunt gemusterte und mit Baumwollstoff gefütterte Jacke umgerechnet 40,-- DM. B.K. schaut uns etwas traurig an und meint, sie kann sich ein solches Stück nicht leisten, da dies ein ganzer Monatslohn für sie bedeutet. Sie ist wirklich ein netter Kerl und so sprechen sich meine Begleiterin und ich kurz ab, worauf wir uns entschließen, für B.K. auch eine solche Jacke zu erstehen und ihr zu schenken. Allerdings haben wir dabei auch einen Hintergedanken. Am Ende unserer Sikkim-Reise würden wir ihr sowieso etwas zustecken, Geld würde aber mit Sicherheit zum Teil der Familie zufließen; mit der Jacke jedoch hat sie etwas Persönliches für sich selbst. Ihre Freude ist riesengroß und ganz stolz ziehen wir drei unsere Neuerwerbungen gleich an, worauf Amal bei unserer Rückkehr zum Auto schmunzelt.

Im Tibet-Zentrum ist der Dalai Lama allgegenwärtig, überall hängen Bilder von ihm, teilweise sogar mit Widmung. Im Geschäft des Zentrums liegen Listen auf, in die man sich eintragen kann und mit seiner Unterschrift hoffentlich zur Freiheit Tibets beiträgt. Selbstverständlich geben wir unsere Namen in der Hoffnung, zu helfen.

S. H. Tenzin Gyatso, 14. Dalai Lama

Bevor wir wieder in's Auto einsteigen, kommt eine alte Tiberin auf mich zu und bittet um eine Spende für die Renovierung eines der Klöster. Ich gebe ihr zehn Rupien und bin sehr erstaunt, als sie mir daraufhin ihren Spendenblock unter die Nase hält und bittet, die Quittung selbst auf meinen Namen auszustellen. Ordnung muß sein, auch wenn in der abgelegensten Gegend.

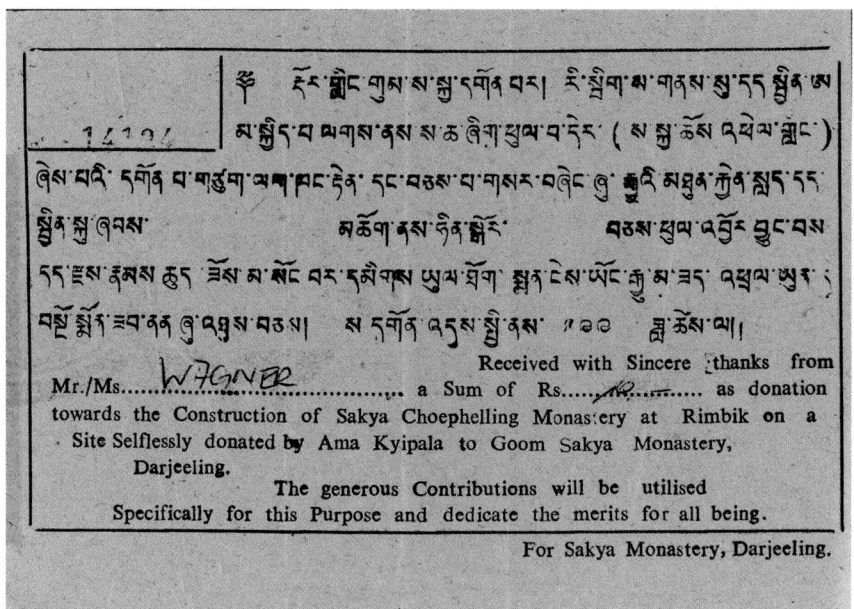

Spenden-Quittung

Stolz auf unsere Einkäufe - ich konnte nämlich nicht widerstehen, noch einen Teppich zu erwerben, der mir nach München nachgeschickt werden soll - fahren wir nun in den Tierpark von Darjeeling. Er ist nicht sehr groß, trotzdem sind sämtliche Tiere, die in der Himalaya-Region vorkommen, zu sehen. Es gibt die großen Braunbären, Yaks, zwei rote Panda-Bären, ein paar Wölfe und auch Tiger. Der Zoo liegt geschützt in einer Bergmulde und verfügt über sehr viel Grün. Es ist angenehm, hier zu bummeln und die Tiere zu betrachten. Vor jedem Gehege ist eine große, farbenfrohe Tafel angebracht, die Szenen aus dem Dschungelbuch darstellt, passend zu den jeweiligen Tieren.

Amal hat inzwischen unser Fahrzeug reparieren lassen, das kurzfristig vor dem Zoo seinen Geist aufgab und einfach nicht mehr anspringen wollte. Es ist Mittag geworden und wir fahren in´s Hotel zurück für einen kleinen Lunch.

Nach einer Verschnaufpause wollen wir jetzt dem Himalaya-Museum einen Besuch abstatten. Es wurde 1953 gebaut, Mitbegründer war der berühmte Sherpa Tenzing Norgay, der 1953 gemeinsam mit Edmund Hillary den Mount Everest zum ersten Mal bezwang. Leider ist fotografieren verboten. Dieses Museum beinhaltet alles, was mit dem Himalaya zusammenhängt. Es gibt in en-miniature sogar das ganze Bergmassiv hinter Glas zu sehen, auf kleinen Fähnchen sind die Namen der einzelnen Bergriesen mit der Höhenangabe verzeichnet. Zeitungsausschnitte aus aller Welt, von der Erstbesteigung durch Sir Edmund Hillary bis zu Reinhold Messners Besteigungen sind fein säuberlich geordnet, ebenso sämtliche Notizen über Bergunfälle; bei jedem wichtigen Ereignis in den Bergen werden diese stummen Zeugen sofort vervollständigt. Hier kann man auch nachvollziehen, mit welch primitiven Ausrüstungen und unter welchen, fast unmenschlichen Voraussetzungen die Besteigungen teilweise stattfanden. Selbst die Original-Bergsteiger-Ausrüstung mit Schuhen von Edmund Hillary ist ausgestellt. Eine äußerst beeindruk-kende und vor allem informative Zusammenstellung. Im Zentrum von Darjeeling, auf einer kleinen Anhöhe gelegen, sehen wir nun auch das Wohnhaus von Sherpa Tenzing, er ist 1986 verstorben.

Tagsüber hat es in Darjeeling doch an die 15 Grad und so lassen wir es uns nicht nehmen, den Markt zu besuchen. Märkte in fremden Ländern faszinieren mich immer wieder und wenn sich die Möglichkeit dazu bietet, lasse ich mir ein derartiges Farbenschauspiel nicht entgehen.

Diese Besichtigung kostet allerdings Treppen steigen und das nicht zu wenig. Auf dem Markt mitten im Ortszentrum von Darjeeling gibt es alles zu kaufen, was man zum täglichen Leben benötigt, angefangen von Obst und Gemüse bis zu Kleidung und kleineren Küchengeräten. Es herrscht ein Gewimmel von Einheimischen, Tibetern und Nepalis, die zu Besuch im Ort sind. Alle sprechen Nepali, obwohl Darjeeling zu Indien gehört und eigentlich die Sprache Hindi wäre. Die Verkäufer können nicht verstehen, daß wir nichts benötigen und von einem Kauf absehen, außer ein bißchen Obst.

Wir übernachten noch einmal in unserem Hotel, morgen früh geht die Reise weiter in Richtung Sikkim.

Geographie SIKKIM

Wichtige Daten:

Fläche:	7096 qkm
Einwohner:	ca. 500.000 Menschen
Staatsform:	Bundesstaat Indiens mit eigener Verwaltung
Hauptstadt:	Gangtok
Verwaltungsdistrikte:	Gangtok, Namchi im Süden, Gyalzing im Westen, Mangan im Norden
Währung:	Indische Rupien
Sprache:	Sikkimesisch, Nepali, Limbu, Tibetisch Bengali, Hindi und Englisch
Religion:	Die Nepali sind meist Hindus, die Lepchas und Bhutanesen Anhänger des buddhistischen Lamaismus

70 %   Nepali
20 %   Lepcha
10 %   sonstige

Klima - Gangtok: Sommer   13 - 21 Grad
                    Winter   7 - 13 Grad

Geographische Lage:

Das mit vielen Tälern durchzogene Land steigt höhenmäßig von Süden nach Norden rasch an. Die Grenzen sind im Süden Westbengalen, im Osten Bhutan, im Norden China und im Westen Nepal. Es liegt auf der regenreichen Südseite des Himalaya. Der tiefste Punkt erreicht im Tista-Tal 227 Meter über dem Meeresspiegel und der höchste Gipfel in Sikkim mißt mit 8586 Meter der Kanchenjunga (Lepcha: Kongchen-Konghlo). Man findet in diesem kleinen Land eine unglaubliche Vielfalt an Vegetation und Klima; vom tropischen Regenwald über Misch-, Nadel- und Bambuswald, Getreidefelder, Gewürzplantagen (hauptsächlich Kardamom und Wacholder), Obstgärten, Rhododendren, aber auch Hochsteppe, Schnee und ewiges Eis. Die Bevölkerung ist größtenteils in der Landwirtschaft tätig. Auf gerodeten und terrassierten Hängen werden Mais, Reis, Weizen, Gerste, Buchweizen und Kartoffeln angebaut.

In Sikkim leben Buddhisten, Hindus, Christen, Muslime und Anhänger verschiedenster ethnischer Richtungen friedlich zusammen. Die Volksgruppen bestehen aus Nepalis, Tibetern, Bhutia, Lepchas (Sikkimesen), Indern und Bangladeshis. Mit der Infrastruktur ist es nicht weit gediehen, es gibt weder eine Eisenbahn noch einen Flughafen und die wenigen Straßen sind nicht gerade in Bestform, aber alles ist verhältnismäßig sauber. Die einzige Stadt mit etwa 55.000 Einwohnern ist die Hauptstadt Gangtok, ansonsten wohnt die Bevölkerung in kleinen Bergdörfern und abseits gelegenen einzelnen, sehr verstreuten Häuschen.

Politische Lage:

Von 1641 bis 1975 war Sikkim Königreich. Zwischen dem 18. Und 19. Jahrhundert erlitt Sikkim Gebietsverluste an die Königreiche Bhutan und Nepal sowie an Indien. 1814 intervenierte die britsche Ost-Indien-Companie als Teil ihrer Expansionspolitik und half dem Land gegen Nepal. 1816 beanspruchte die Ost-Indien-Companie aber das Tiefland um Siliguri für sich und verlor dabei auch Ost-Nepal. Um diese Zeit begann Sir David Ochterlony, ein General der englischen Armee, Soldaten zu rekrutieren und dies mit Hilfe von mehreren Konkubinen. Die zähen Bewohner des Landes wie die Limbus, Rais, Magars und Gurungs wurden in der Armee „Gurkhas" genannt. Dieser Name stammt von den „Gorkhalis" ab, der damaligen Bezeichnung für die Sha-Dynastie, die Nepal, von dem Ort „Gorkha" aus, erobert hatte.

Ab 1871 geriet das Land in zunehmende Abhängigkeit von Britisch Indien und wurde 1890 zum Britischen Protektorat. Mit dem Vertrag von Gangtok im Jahre 1950 entstand das Protektorat Sikkim der Indischen Union und wurde 1975 ein weiterer Bundesstaat Indiens.

Die ersten Könige Sikkims waren die Namgyals, Nachkommen der Minyaks aus Tibet. Der Namgyal-Prinz Khye-Bumsa war am Bau das Sa-Kya-Klosters in Zentral-Tibet 1268 beteiligt. Er schloß mit den Lepchas Freundschaft und schwor mit Häuptling Thekongtek Blutsbrüderschaft. Nach dessen Tod erwählten sich die Lepchas Guru Tashi, Kye-Bumsas vierten Sohn, zum Führer. 1642 wurde er von drei Lamas zum König (Chogyal) gweiht.

Der letzte Chogyal Palden Thondus heiratete 1963 die US-Amerikanische Studentin Hope Cooke in zweiter Ehe. Dies erregte damals weltweites Aufsehen und sämtliche Zeitschriften berichteten vom Dach der Welt. 1973 ging die Königin mit ihren Kindern zurück nach Amerika.

Der politische Gegner von König Palden Thondus, Kazi Lhendup Dorji, hatte ebenfalls eine Frau aus dem Westen und zwar aus Belgien, geheiratet. Elisa Maria und Hope Cooke hatten politisches Gewicht und förderten sogar den indischen Einfluß im unabhängigen Kleinstaat Sikkim. Nach einer Volksabstimmung 1974, über die sich die Gemüter bis heute nicht einig sind, fiel das Land im darauffolgenden Jahr an Indien und die Monarchie fand ihr Ende. Der König überlebte das Ende des selbständigen Sikkims nur um wenige Jahre. Heute wäre Sikkim gerne wieder von Indien unabhängig, da es auch sehr wenig mit dem Mutterland verbindet. Das Land ist durch viele Sperrgebiete unterteilt. Indien wird allerdings, wie auch in Kashmir, seinen Einfluß an der chinesischen Grenze kaum wieder aufgeben und so dürften die Chancen für ein selbständiges Sikkim sehr gering sein.

Sikkim bezaubert durch die Schönheit seiner Landschaft und dem Gefühl der Ruhe und Einsamkeit. Dieses Land, obwohl an und in den Grenzen von Nepal und Indien gelegen, ist mit diesen nicht vergleichen, es hat eine ganz andere Atmosphäre.

Der Norden und der Osten Sikkims ist für Ausländer gesperrt, der Süden und der Westen darf für maximal 15 Tage, seit ein paar Jahren, bereist werden.

SIKKIM

Ausgeschlafen und frohen Mutes fahren wir heute morgen in Richtung Sikkim. Ich bin sehr gespannt, was mich erwartet, denn in Gedanken sehe ich immer noch die Fotos von der Hochzeit des letzten Königs in den deutschen Illustrierten vor mir. Natürlich waren damals auch einige Bilder vom Land abgedruckt, die mir sehr fremdländisch erschienen und mich ungemein faszinierten.

Von Darjeeling geht es wieder hinunter in's Tal und weiter auf einer Art durchlöchertem Feldweg. Diese Verbindungsstraße nach Sikkim führt durch die Teeplantagen den Berghängen entlang. Entgegenkommen darf hier aber kein anderes Fahrzeug, sonst müßten wir in die Teebüsche ausweichen. Aber Amal nimmt diese Straßenverhältnisse sehr locker, im Gegensatz zu uns.

Meine Reisebegleiterin ist froh, wieder in's Tal zu kommen; denn die Höhe der Himalaya-Berge verursachte ihr doch langsam Probleme. Das Blut wird ab einer Höhe von etwa 2000 Metern dicker und so ist die tägliche Einnahme von Acetylsalicylsäure, Magnesium und Calcium ratsam und empfohlen. Sie ist allerdings stur, was das Schlucken von Tabletten betrifft und so fühlt sie sich nicht besonders gut.

Der Ranqit-River bildet die Grenze von Westbengalen in Indien zum ehemaligen Königreich Sikkim. Nach dem Überqueren der Grenzbrücke über die Ranqit-Schlucht erwartet uns doch tatsächlich auf der anderen Seite ein Beamter zur Kontrolle der Papiere und vor allem interessiert ihn, ob wir

B. K. mit einer frisch gepflückten Teeblüte

54

ein gültiges Visum besitzen. Auch will er ganz genau wissen, was wir alles mitbringen. Um seine Neugierde etwas zu besänftigen und die Prozedur zu verkürzen - schließlich haben wir noch einen langen Weg vor uns - hole ich eine Packung Keks aus meiner Tasche und gebe sie dem jungen Beamten. Er faßt dies nicht als Bestechung auf, bedankt sich freudig und sofort kommen seine Kinder angetrabt. Auf meine Bitte hin läßt er sich sogar mit einem seiner Kinder vor dem Zollhäuschen fotografieren. Die Situation ist sehr entspannt und er läßt uns ohne weitere Verzögerung von dannen ziehen.

Grenzbrücke über den Ranqit-River

Sikkimesischer Zollbeamte

Nach ein paar Kilometern erreichen wir den Grenzort „Naya Bazar" im Westbezirk von Sikkim. Hier erwartet uns die nächste Kontrolle der Ausweispapiere. B.K. und Amal gehen mit diesen zu einem kleinen Häuschen am Rande des Dorfes; unsere Pässe bekommen einen weiteren Stempel und jetzt endlich dürfen wir einreisen. Inzwischen nutzen wir die Gelegenheit, uns im Dorf etwas umzusehen. Ich finde natürlich schon wieder ein Mitbringsel in Form einer großen braunen Wolldecke mit Fransen und sehe in Gedanken schon den fertigen Poncho daraus geschneidert. Der Preis beträgt umgerechnet 17,-- DM, das Nähen bei uns wird vermutlich ein Mehrfaches kosten. Mittlerweile ist es schon später Nachmittag geworden und wir wollen noch das 70 Kilometer entfernte Pemayangtse erreichen.

Pemayangtse ist ein kleines Dorf auf einem weiteren Hügel und nur über eine halsbrecherische Serpentinenstraße zu erreichen. Wir fahren gleich zum Hotel „Mt. Pandim", es ist das einzige des Ortes.
- Beim Beziehen unseres Zimmers weiß ich Gott sei Dank noch nicht, was mich in der kommenden Nacht erwartet. -

Müde und hungrig bekommen wir in dem großen, kalten Speisesaal eine schmackhafte Mahlzeit serviert und trinken einen leichten Darjeeling-Tee dazu, den wir schätzen gelernt haben. Wir sind die einzigen Gäste des Hotels. Mit dem bereits als sehr angenehm empfundenen Hot Water Bag begeben wir uns in's Bett. Da sich die Betten sehr klamm anfühlen, ich vorsichtshalber ohnehin einen alten Bettbezug dabei habe, schlüpfe ich unter der vorhandenen Decke in diesen und erwarte eigentlich eine ruhige Nacht zur Erholung. Pustekuchen! Ich muß erst kurz eingeschlafen sein, allerdings tief und fest, holt mich meine Begleiterin fest schüttelnd aus meinen angenehmen Träumen. „Hier knabbert etwas, wir sind nicht allein im Zimmer." Sie macht einen sehr aufgeregten und ängstlichen Eindruck und so bleibt mir nichts anderes übrig, als möglichst schnell wach zu werden und der Angelegenheit nachzugehen. Über mein Sleep-Shirt ziehe ich meine dicke Mohair-Jacke, diese Zusammenstellung würde jedes Mode-Journal erfreuen, und begebe mich mit nackten Füßen auf die Suche nach der Aufregung. Ich mache Licht und schaue mich etwas genauer im Zimmer um, doch was mich erwartet, läßt mich ein Grinsen nicht verkneifen.

Hinter meiner offenen Reisetasche, oben auf liegt mein Zigaretten-Vorrat, sitzt eine „kleine" Ratte von ca. 20 cm und schaut mich ganz erschrocken an, so, als ob sie ein schlechtes Gewissen hätte. Ein Bild für die Götter. Sie hatte eine Zigaretten-Schachtel geklaut und ist dabei, diese samt Papier genüßlich zu verspeisen. Das Geraschel wäre nun geklärt. Mein erster Gedanke ist dabei allerdings, das Tier stirbt bestimmt an Nikotinvergiftung. Meine Bekannte hat einen Horror vor Mäusen und Ratten und ist einem Herzinfarkt nahe. So bitte ich sie, ruhig im Bett sitzen zu bleiben, drücke ihr eine Flasche Whisky in die Hand und versorge sie mit einer Zigarette (obwohl sie selten raucht) zur Beruhigung. So richtig traue ich mich nicht, die Ratte selbst zu verjagen, denn vielleicht springt sie mich aus Angst um ihr Leben an. Also begebe ich mich auf die Suche nach Hilfe in dieser Situation. In der Hotelhalle werde ich fündig, auf dem Sofa liegt, eingemummt in eine dicke Decke, etwas, was nach menschlichem Wesen aussieht. Nach einigem Rütteln und Schütteln bekomme ich den jungen Mann auch wach, der erschrocken hochfährt. Als ich ihm aber die Lage versuche klarzumachen, ist er mir absolut keine Hilfe. Er geht nämlich rückwärts, schüttelt den Kopf und schreit nur „No Rats, no Rats". Schöne Bescherung. Wohl oder übel muß ich nun versuchen, die Sache selbst in den Griff zu bekommen. Meine Begleiterin sitzt immer noch kreidebleich im Bett und rührt sich nicht von der Stelle.

Die Kleiderstange im Schrank läßt sich leicht herausnehmen, also eine „Waffe" habe ich nun und fange an, den Boden abzuklopfen, um die Ratte zu verjagen. Doch das Vieh spielt mit mir Katz und Maus, ich habe das Gefühl, sie möchte uns noch weiter Gesellschaft leisten, was aber nicht in unserem Interesse liegt. Einmal sitzt sie unter meinem Bett, einmal unter dem anderen, dann wieder an der Terrassentüre hinter den langen Vorhängen. Instinktiv muß ich aber unsere Zimmertüre offen gelassen haben, auf einmal finde ich unseren Gast nicht mehr. Vorsichtshalber stelle ich den Papierkorb vor die Türe, bevor ich sie nun schließe. Meine Begleiterin traut sich aber nicht, im Dunkeln einzuschlafen und so lasse ich das Licht im kleinen Flur vor dem Badezimmer an. Nur, so wieder einzuschlafen ist nicht besonders angenehm und nach der Aufregung sowieso nicht leicht. Aber irgendwann übermannt uns doch die Müdigkeit und wir versinken im Traumland.

Auf dem Weg heute morgen zum Frühstück sehen wir an der Rezeption beim Hotel-Manager den Papierkorb. Bei unserem Erscheinen habe ich das Gefühl, der gute Mann würde sich ein Schmunzeln verkneifen. Er hat natürlich von unserem nächtlichen Mißgeschick und unserer Aufregung erfahren und entschuldigt sich - ich weiß nicht recht - mit einem weinenden und einem lachenden Auge. Die Situation war ja auch mehr als ulkig. Allerdings können wir sehen, daß die Schachtel samt Zigaretten fast aufgefressen ist und auch die Bonbon-Papierchen anscheinend den Geschmack der Ratte fanden, denn sie sind ebenfalls weg.
- Resumee: Nie in fremden Ländern ein Hotelzimmer im Erdgeschoß beziehen. -

Ich habe den Eindruck, mit dem Frühstück geben sich heute morgen die Mitarbeiter des Hotels besondere Mühe, um dadurch das nächtliche Abenteuer wieder gutzumachen. Jedenfalls können wir jetzt frisch gestärkt unseren Ausflug zu Fuß

antreten, der bergauf zum Kloster NYINGMA in Pemayangtse führt.

Das Kloster liegt in 2085 Metern Höhe und der Anstieg ist
ganz schön steil. Mir geht die Puste immer wieder aus. Unser Blick schweift zu den Bäumen mit den befestigten Gebetsfahnen und den Häuschen der Lamas. Diese Behausun-
gen haben zwei Dächer übereinander, damit Buddhas Augen
hereinschauen können.

Wohnhäuser der Lamas in Pemayangtse

Als wir vom Plateau hinaus in's Tal schauen, werden wir für
unsere Anstrengung reichlich belohnt. Der Blick an großen
Gebetsfahnen vor dem Tempel vorbei in die Schneegipfel des
Himalaya - und dies bei klarster Luft - ist ein Traum.

Blick vom Kloster Nyingma in die Berge

Das Kloster Nyingma ist eines der ältesten buddhistischen Klöster in Sikkim und Hauptsitz der Nyingmapa-Schule. Es wurde bereits 1705 gebaut. Die Lage des Klosters ist ein idealer Ausgangspunkt auch für Trekkingtouren nach Yoksum und Dzongri und zu dem noch höher gelegenen Kloster Tashiding, einer ganz besonderen Pilgerstätte.

Kloster Nyingma

Inzwischen ist B.K. auf der Suche nach einem Lama, der uns den Tempel aufsperren soll; sie ist zu einem der kleinen Häuschen zurückgegangen. Nach kurzer Zeit kommt sie mit einem der Lamas wieder, der einen großen Schlüsselbund in

62

Wandmalerei am Klostereingang

Händen hält. Inzwischen habe ich auch noch Zeit gefunden, die Wandmalereien am Tempel-Eingang zu fotografieren, die verschiedene Figuren aus der Mythologie darstellen und lebensgroß sind. Das Kloster hat unzählige Fresken von Göttern und Dämonen vorzuweisen. Wir dürfen uns in aller Ruhe den Gebetsraum anschauen, aber nicht fotografieren. Im dunklen Treppenaufgang zum oberen Teil im Tempel bekommen wir seltsame Blüten als Andenken geschenkt, die bei den langen Gebetsmessen geopfert werden. „Unser" Lama zeigt uns nun das Wertvollste, das es in diesem Kloster zu sehen gibt, schon dafür ist ein Ausflug lohnenswert. In einem Raum, fast die gesamte Fläche einnehmend, befindet sich ein Glaskasten, in dem in Form einer vier Meter hohen Pyramide die gesamte Geschichte des Buddhismus figürlich dargestellt wird. Diese Holz-Pyramide wurde von einem Lama des Klosters in fünfjähriger Arbeitszeit geschnitzt und sorgfältig bemalt.

Als Ausgleich dafür, daß ich nicht fotografieren durfte, bietet uns der Lama eine Audienz bei einem sechsjährigen Jungen an, der als 5. Inkarnation des Tempelgründers verehrt wird. Freudig erregt nehmen wir das nicht für jeden Besucher mögliche Angebot sofort an. Der Lama führt uns über den Tempelvorplatz zu dem Wohnhäuschen des Kindes. Der Spielgefährte und Vertraute des Jungen empfängt uns am Eingang und macht uns darauf aufmerksam, daß es natürlich nicht möglich sei, eine „Gottheit" zu berühren. Wir begnügen uns mit einem Kopfnicken und sind uns der großen Ehre dieser Audienz bewußt. Leider haben wir als eventuelles Gastgeschenk nur ein paar Schokoriegel in der Tasche, doch unsere Nachfrage ergibt, daß diese dem Kind ohne weiteres

Junge Gottheit - Inkarnation des Tempelgründers

Wohnhaus des jungen Gottes

angeboten werden dürfen und wir ernten dafür sogar noch ein freudiges Kopfnicken. Für Süßigkeiten sind halt Kinder in aller Welt, ob Hoheiten, Gottheiten oder sonstige, zu haben. Dieser Junge hat einen Charme, ein Charisma, als ob er von innen heraus strahlen würde. Er übt eine eigenartige Faszination aus, die nicht wiederzugeben ist. Wir scheinen ihm und dem Spielgefährten sympathisch zu sein; denn als sie meine Kamera zur Kenntnis nehmen, wird mir, ohne nachgefragt zu haben, erlaubt, das Kind zu fotografieren. Ich werde sogar gefragt, wo es sich am besten hinsetzen solle, um ein Blitzlicht möglichst nicht zu benutzen. Eine große Ehre für mich. Als wir uns wieder mit einem Kopfnicken und einem Andeuten der zusammengefalteten Handflächen in Stirnhöhe verabschieden, kommt der kleine Lama lächelnd mit uns heraus und winkt, bis wir seinen Blicken entschwunden sind. Diese Begegnung wird uns unvergeßlich bleiben.

Junge Lamas am Klostereingang

Nach diesem Morgenausflug - der Weg zurück ist nicht mehr so anstrengend - wollen wir heute in die Hauptstadt Gangtok weiterfahren. Vorher geht es aber noch auf die Suche nach dem Autoschlüssel, den Amal wohl irgendwo verloren hat. Er suchte die Umgebung seines Vehikels anscheinend schon längere Zeit erfolglos ab. Einer der Hotel-Angestellten kommt, den Schlüsselbund schwenkend, auf uns zu. Der Chauffeur ist sichtlich erleichtert und nun können wir unseren Weg fortsetzen.

Wieder sind die 70 Kilometer Serpentinenstraße in's Tal zurückzulegen, bevor wir in Richtung Gangtok den nächsten Berg „erklimmen" müssen. Wir fahren erneut vorbei an kleinen Dörfern, einzelnen ärmlichen Häusern, die an den Berghängen „kleben". In den kleinen Gärten wachsen Bananenstauden und Orangenbäume, sogar in dieser Höhe. Alles macht einen äußerst sauberen Eindruck. Langsam haben wir uns an die vielen Kurven gewöhnt und genießen die heutige Fahrt. Meine Begleiterin ist froh, wieder in's Tal zu kommen, um sich von der „Höhenluft" zu erholen. Nur wird sie wenig Zeit haben; am Nachmittag geht es auf den nächsten Bergkamm.

Bauernhäuschen an der Straße

Bevor wir in den Ost-Distrikt von Sikkim einreisen dürfen, ist eine weitere Militär-Kontrolle zu überwinden, die wiederum unsere Pässe dahingehend in Augenschein nimmt, ob wir uns hier überhaupt aufhalten dürfen. Die Beamten sind allerdings sehr freundlich und lassen uns ohne Probleme weiterreisen. Warum auch nicht?

Nord-Sikkim ist für Touristen weiterhin gesperrt, eine Reise an die Grenze zu China also nicht möglich. Es handelt sich um militärisches Sperrgebiet und ist daher für Fremde ein Tabu.

Heute kommen wir an riesigen Kardamom-Feldern vorbei. Bisher wußte ich nicht, daß dieses „Lebkuchen-Gewürz" in den Bergen des Himalaya beheimatet ist. Der Kardamom-Busch zählt zu den Ingwer-Gewächsen und findet in dieser Höhe anscheinend den richtigen Boden und das gewünschte Klima. Die Gewürzkapsel wächst ganz unten am Busch und wird in Sikkim nur frisch verwendet, im Gegensatz zu uns. Wir kennen Kardamom hauptsächlich in Pulverform, höchstens noch als getrocknete Kapseln. B.K. sucht für uns eine reife Kapsel (um diese Jahreszeit nicht leicht zu finden). Blüte- und Erntezeit ist der Spätherbst, jetzt - Anfang Januar - erholt sich die Pflanze eigentlich. Aber B.K.´s Suchen ist von Erfolg gekrönt und so können wir das sehr aromatische Gewürz einmal frisch vom Busch anschauen und beschnuppern.

Kardamom-Pflanzen

Kardamom

Auf dem Weg nach Gangtok kommen wir an kleineren Klöstern vorbei, die am Straßenrand stehen. Sie können gar
nicht ignoriert werden; denn schon von Weitem sieht man
einen Wald aus Gebetsfahnen, die im Winde flattern. Wir hal-
ten vor solch einem kleinen Kloster, dessen Zufahrt - beide
Straßenseiten sind mit Gebetsfahnen geschmückt - zu einem
Besuch einlädt.
Es ist eine kleine Anlage mit wunderschön bemaltem Torbo-
gen vor dem Tempel. Die Wände sind innen wieder mit bunten Wandmalereien verziert, die Dämonen darstellen. Es ist
kein einziges Stückchen an der Wand von Zeichnungen frei-
geblieben. Bilder vom Dalai Lama, dem geistlichen Ober-
haupt, sind ebenfalls vorhanden. Teilweise sind auf Fotos Lamas des Klosters mit dem Dalai Lama abgebildet und die Bilder mit dessen Widmung versehen. Natürlich fehlt der

große Buddha in der Mitte des Raumes auch nicht. Das Innere der Klöster ist überall sehr farbenfroh und bunt. Trotzdem hat man das Gefühl, einen Ort der Ruhe und Beschaulichkeit vorzufinden. Die Farben erschlagen nicht.

Kaum im Tal angekommen, geht unsere Fahrt auf den nächsten Hügel in Richtung Gangtok. Bereits an den Straßen merken wir, daß es sich um eine größere Stadt handelt. Der Verkehr wird stärker und die „Wege" sind auch nicht mehr so sauber wie im Landesinneren.

Wir kommen zum Hotel „Nor-Khill" in Gangtok, in einem Halbrund gebaut und auf einem Plateau liegend, von dem man einen wunderschönen Ausblick hat. Schon von der sehr großzügig gehaltenen Eingangshalle bin ich begeistert. Es sind bunte Tischchen in verschiedenen Größen, mit hellen Sesseln dazu, als gemütliche Oasen angeordnet. Auch in der kleinen Hotelbar sind diese zusammenklappbaren Holztischchen in Miniatur vorhanden und verleihen dem Ganzen einen fremdartigen, aber warmen und gemütlichen Charakter. Diese Tischchen werden nur in Gangtok hergestellt und sofort steht für mich fest, ein solches muß ich haben. Im Treppenhaus sind die Wände mit Bildern aus Sikkim geschmückt. Diese bestehen aus grobem Leinen, sind bestickt und mit Motiven des Landes aus Stoffstücken verziert. Man kann schon im Hotel einen Überblick über die Trachten und die einheimische Handwerkskunst bekommen.

Im Garten um das Hotel und auch neben der großen Zufahrt sind Bougainvilla und große Christsterne, die nicht mehr in unsere Blumentöpfe passen würden, verteilt.

Eingangshalle im Hotel Nor-Khill

Nachdem wir einen kleinen Lunch zu uns genommen haben, zieht meine Bekannte es vor, sich lieber langsam dem Höhenklima anzupassen und legt sich hin. B.K. und ich machen Gangtok unsicher. Wir fahren als erstes zum Handicraft-Center des Ortes, da mein Tischchen noch aussteht. Ich erwerbe ein kleines für 30,-- DM und freue mich über meinen Einkauf. Wie das Ding allerdings im Flieger mit nach Hause kommt, weiß ich noch nicht; irgendwie wird auch dieses Problem zu lösen sein.

Unser nächster Halt ist beim Institut für Tibetologie, doch das hat leider zu. Die Nachfrage in einem nahegelegenen kleinen Restaurant ergibt, daß alle öffentlichen Gebäude heute geschlossen sind und die staatlichen Angestellten frei haben. Gleichzeitig können wir im aufgestellten Mini-Fernseher

an einer sehr aufwendigen Beerdigungszeremonie teilnehmen. Den Grund für den kurzfristig ausgerufenen Staatstrau-
ertag sehen wir nun selbst. Ein hoher indischer Minister im
biblischen Alter von 83 Jahren ist verstorben und wird heute
nach hinduistischem Brauch verbrannt. Vor der Verbren-
nungszeremonie nehmen Abordnungen aller indischen Regi-
onen in verschiedenen Trachten mit ziemlich großem Prunk
und ewig langen Ansprachen Abschied. B.K. grinst und
meint, dieser Minister war alt und nicht besonders bekannt,
die staatlichen Mitarbeiter aber freuen sich bestimmt über
einen zusätzlich freien Tag, so hat sein Ableben doch etwas
Gutes.

Den ehemaligen Palast des Königs, den Chogyal-Palast, dürfen wir nicht besichtigen. Es ist nur möglich, von einer etwas
entfernten Anhöhe einen Blick auf den Palast zu werfen, der
von einem großen Park umgeben ist. Eine betagte weibliche
Familien-Angehörige des ehemaligen Königshauses wohnt in
dem Gebäude ganz allein und will nicht gestört werden. Irgendwie verständlich aber doch schade; denn wann hat man
schon Gelegenheit, in einem Königspalast umherzuschlen-
dern.

Im angrenzenden Hirschpark, der an einem steilen Hang
liegt, sind einige Hirsche zu sehen. Die Anlage ist eine Oase
der Ruhe, zwischen den blühenden Büschen sind Bänke zur
Besinnung aufgestellt, mitten im Garten ist ein schwarzer
Bodhisattva zu sehen, der zur Meditation einlädt.

Der Orchideen-Garten bietet leider nur eine einzige blühende
Orchidee. Kein Wunder, denn um diese Jahreszeit dürfte es

den Pflanzen noch zu kalt sein; die Hauptblütezeit ist im April/Mai. In dieser Zeit können auch Trekkingtouren unternommen werden. Ein paar junge Frauen sitzen im Garten gemütlch zusammen und stricken. Wie sie mit ihrer ungewöhnlichen Stricktechnik diese abwechslungsreichen bunten Muster zusammenzaubern, ist für mich ein Phänomen. Die vollkommen fremde Handhabung der Stricknadeln stellt mich vor ein Rätsel.

B.K. bietet mir einen Besuch in einem Tempel an, was mich natürlich begeistert. So führt uns der Weg in das ENCHEY-Monastery. Schon den breiten Sandweg zum Kloster ziert an beiden Seiten eine Unmenge von Gebetsfahnen.

Weg zum Enchey-Monastery

Enchey-Monastery

Von weitem hören wir, daß die Lamas hier soeben eine Messe zelebrieren. Ich bitte B.K., mit mir doch in den Tempel zu gehen und hoffe, daß es möglich ist, an dieser Messe teilzunehmen. Die Buddhisten sind sehr aufgeschlossen und so habe ich eigentlich keine Bedenken. Wir ziehen die Schuhe aus und schlüpfen leise durch einen Seiteneingang in das Tempelinnere. Der höchste Lama dieses Klosters ist beim Vorbeten und wie auf ein Zeichen fallen die Duncen („Alphörner" des Himalaya) in das Gebet ein. Der Sprechgesang des Ober-Lamas mit der „Musik" läßt mich - wie immer - nicht mehr los. Ich vergeße alles rundum und genieße die Atmosphäre. Die buddhistische Tempelmusik gehört durch ihre Tongebung bereits in den Bereich der Magie. Endlich reiße ich mich zusammen und nehme die Umgebung wahr.

Ich stelle fest, daß an die 30 Lamas hier zusammen beten. Bei einem christlichen Gottesdienst undenkbar, blödeln hier die kleinen Lamas von ungefähr fünf bis sechs Jahren ungeniert während der Messe. An der Wand entlang sind Bänke aufgestellt und etwas entfernt von den frommen Lamas machen die Kleinen ihre Scherze, vermutlich über uns, denn ihre Blicke sprechen Bände. Die Messe wird dadurch jedoch nicht gestört.

Nach einer halben Stunde bekomme ich kalte Füße und bitte B.K., mit mir zu gehen. Ganz vorsichtig frage ich sie, ob es wohl möglich wäre, einen dieser Gelbmützen-Lamas mit seiner Kopfbedeckung vor die Linse zu bekommen. Daß dies nicht während der Gebete sein muß, ist logisch. B.K. nickt mir zu, daß sie mich verstanden hat. Als sie aber auf einen Lama von etwa 25 Jahren zugeht und leise auf ihn einredet, ist mir klar, was sie von ihm will. Tatsächlich erklärt sich dieser bereit, sich fotografieren zu lassen, jedoch nur in der Form, daß er während des Laufens vor dem Kloster geknipst wird. Sich auf Kommando vor die Kamera zu stellen, lehnt er ab. Aber auch für dieses Entgegenkommen bin ich ihm dankbar und versuche nun mein Möglichstes in der Hoffnung, daß das Foto etwas wird.

Bevor wir die Kloster-Anlage wieder verlassen, treffen wir auf einen Lama in Arbeitskleidung und B.K. zieht ihn in ein Gespräch. Es ist klar, daß ich von dieser Unterhaltung nichts verstehe, denn sie wird auf Nepali geführt.

Lama im Kloster-Hof

Immer wieder sah ich die weißen seidenen Gebetsschals und nun möchte ich auch einen als Souvenir mit nach Hause nehmen. In den verschiedenen kleinen Geschäften auf der Hauptstraße von Gangtok versuchen wir nun unser Glück. Im fünften Laden werden wir fündig und bekommen ein Stück von einer großen Seidenrolle abgeschnitten. Die Schals haben keine gewebten Enden und so ist es der Verkäuferin ein Leichtes, die richtige Länge abzuschneiden. Es handelt sich um ein etwa 50 cm langes, cremefarbenes Seidenstück - sogar mit eingewebtem Muster -. Schon lange war es mein Wunsch, solch einen Gebetsschal zu besitzen und nun bin ich dementsprechend stolz über meinen Einkauf. Der Preis beträgt umgerechnet 1,30 DM!

Es wird Zeit, mal wieder nach meiner Begleiterin zu schauen und so fahren wir zurück in´s Hotel. Sie hat sich inzwischen ganz gut erholt. Ob unsere Abwesenheit auch dazu beigetragen hat, läßt sich aber nicht klären. Im Foyer des Hotels bekommen wir kostenlos Tee mit ein paar Plätzchen serviert und erzählen, was wir alles unternommen haben. Als meine Bekannte jedoch von den erneuten Einkäufen erfährt, schüttelt sie den Kopf (eigentlich dürfte sie sich aber inzwischen daran gewöhnt haben).

Das Abendessen nehmen wir im Hotel ein. Der zuständige Kellner bemerkt sehr schnell, daß es uns nicht gerade warm ist und zaubert einen kleinen Ofen herbei, den er unter dem Tisch verstaut. Sehr angenehm. Das Essen ist sehr abwechslungsreich, ein Querschnitt durch die Küche des Landes. Es werden Gemüse, Lamm und Hähnchen wie auch ein Rindfleischgericht angeboten, manches allerdings - für unseren Gaumen - äußerst scharf gewürzt, so daß einige Vorsicht geboten ist. Bei der großen Auswahl läßt sich aber für jeden Geschmack etwas finden.

Heute ziehen wir uns bald zurück (das Bett ist bereits vorgewärmt), um morgen früh für unseren Ausflug zum Kloster RUMTEK fit zu sein.

Wir frühstücken um 8.00 Uhr und es ist noch sehr kalt in Gangtok. Aber die Sonne ist bereits zu sehen und so hoffen wir, daß es später wieder angenehm warm wird. Diese Jahreszeit ist zwar verhältnismäßig kalt zum Reisen in Sikkim, hat aber den Vorteil, daß die Luft sehr klar ist und die Sicht dementsprechend gut. Angenehmer wäre das Klima im Frühjahr, aber die Berge können dann auch im Dunst liegen. Alles hat seine Vor- und Nachteile.

Das Kloster RUMTEK liegt gegenüber von Gangtok auf einem Bergplateau und gehört zum Potala-Palast, dem Sitz des Dalai Lama in Lhasa/Tibet. Unsere Fahrzeit beträgt für die 23 Kilometer etwa eine Stunde. Es ist eines von knapp 200 buddhistischen Klöstern und das Berühmteste, zugleich auch Exil-Sitz der Karma-Kagyu-Schule, eine der vier Hauptrichtungen des tibetischen Buddhismus. Rumtek wurde in den 60er Jahren als Tsurphu-Kopie erbaut und ist spiritueller Treffpunkt der Buddhisten aus der ganzen Welt. Schon als wir in der Ferne die Kloster-Anlage auftauchen sehen sind wir äußerst beeindruckt. Dieses weitläufige, sehr bunte Gebäude wollen wir uns auf jeden Fall genauer ansehen. Leider patrouilliert aber vor dem Kloster die Militär-Polizei, ausgerüstet mit Maschinen-Gewehren. Nicht sehr einladend und für den Buddhismus sehr erstaunlich. Ich kenne diese Religion eigentlich nur als sehr ruhig, sehr ausgeglichen und tolerant. Zu unserer Überraschung erfahren wir, daß es unter den beiden Aufspaltungen, den Gelb- und Rotmützen, sogar Überfälle gibt, beide „Glaubensbrüder" aber in den Klöstern auch wieder gemeinsam anzutreffen sind. Eine seltsame Situation und für uns auch nicht zu verstehen.

Kloster RUMTEK

80

Der letzte Überfall ist laut Aussage von B.K. erst im Sommer 1995 gewesen. Einen größeren Zwischenfall soll es auch im August 1992 gegeben haben. So begeben wir uns, gut bewacht, in´s Innere des großen Gebäudekomplexes.

Durch das große Eingangstor gelangen wir in den Innenhof, der betoniert ist. Dieser wird soeben mit einer Menge Seifenschaum und Wasser auf Sauberkeit getrimmt, so daß wir jetzt wie Känguruhs über die Pfützen hüpfen.

Bei unserem Eintreten in die Haupt-Gebetshalle ist ein junger Lama damit beschäftigt, Nachschub für die Lämpchen herzustellen. In ein hohes Holzgefäß, unter dem ein Feuerchen lodert, stopft er aus einem Karton große Butterstücke, um das Fett flüssig zu bekommen. Die überall brennenden kleinen Butterlampen verbreiten ein angenehmes, warmes Licht und zudem eine feierliche Atmosphäre.
Am Kopfende des Raumes thront eine traumhafte, große goldene Buddha-Statue, die von kleinen Bodhisattvas eingerahmt wird. Hinter (allerdings verschlossenen) Glastüren sind sehr wertvolle kleinere Statuetten zu besichtigen. Davor sind zwei lange Sitzreihen - getrennt durch einen Mittelgang - aufgestellt, auf denen die Lamas zum Gebet Platz nehmen, sie sitzen sich also gegenüber. Die Sitzflächen sind in der Höhe unterschiedlich, je nach dem Stand des Lamas in der Kloster-Hierarchie. Die höherstehenden Mitglieder nehmen vorne beim vorbetenden Ober-Lama Platz und die anderen immer weiter von ihrem Kloster-Oberhaupt entfernt. Jeder der Betenden sitzt auf einem etwa 40 mal 40 cm großen geknüpften Teppich, um die doch langen Gebete auf etwas weichere Art zu überstehen. Alle diese Gebetsteppiche haben

In der großen Gebetshalle von Rumtek

Wandmalereien

83

das gleiche Muster und sind in rot gehalten. Leider darf an diesem heiligen Ort nicht fotografiert werden.

Der Lama, der vorher für die Butterlämpchen zuständig war, nimmt sich unserer Wenigkeiten an und führt uns durch das Gebäude. Über einen Durchgang, der mit rotem Tuch verhangen ist, kommen wir in einen kleineren, verhältnismäßig dunklen Nebenraum. Darin üben die jungen Lamas Gebete und Musik.

Lama im kleinen Gebetsraum

Mit einer Art Metalltellern schlägt einer dieser Nachwuchs-Lamas immer wieder aufeinander. Durch den gleichmäßigen Singsang der Gebete ist vielleicht ein solch lauter Ton von Vorteil, so schläft bestimmt keiner dabei ein. Hier darf ich meine Kamera betätigen, jedoch nicht den aufgebauten Altar sondern nur die Lamas fotografieren. Blitzlicht zu benutzen ist nicht möglich, da das Gebet gestört werden könnte.

Beim weiteren Rundgang überrascht uns eine Mini-Pyramide, die der im Kloster Nyingma in Pemayangtse vollkommen gleicht. Unser Begleiter bestätigt den Eindruck, denn diese Miniatur erhielt das Kloster als Geschenk von diesem.

Im Hof hinter dem Gebetsgebäude sehen wir einigen Jungs beim Fußballspiel zu. Da ich jedoch keinen richtigen Ball erkennen kann, schaue ich mir das „Spielzeug" doch etwas genauer an. Die jungen Lamas wußten sich zu helfen. Sie haben dicke Gummibänder so lange übereinander gewickelt, um ein Knäuel von etwa 10 cm Durchmesser zu erhalten, das als Fußball gar nicht so schlecht zu gebrauchen ist. Auch junge Lamas sind Kinder und wollen spielen und nicht nur beten; der Buddhismus erlaubt großzügig, daß sie sich austoben.

Das Kloster Rumtek liegt auf ca. 2400 Metern Höhe und das Treppensteigen geht ganz schön auf die Lunge. Wir wollen aber unbedingt der hauseigenen SANSKRIT-Druckerei einen Besuch abstatten, so schnaufen wir also aufwärts. Hier können wir zuschauen, wie die Sanskrit-„Bücher" hergestellt werden. Ein sehr interessantes Handwerk. Einer der beiden Mitarbeiter bepinselt einen länglichen Holzstempel mit schwarzer Farbe und drückt diesen auf ein Papier in der Größe von 8 cm Breite und 25 cm Länge. Mit ein bißchen Kleister an der Seite werden ein paar dieser beidseitig bedruckten Papierstreifen als „Buch" zusammengehalten. So ein kleines Sanskrit-Gebetsbuch erstehe ich und dazu noch eine bunte Gebetsfahne, sie werden hier ebenfalls bedruckt. Für das Gebetsbändchen bezahle ich 20 Rupien, dies sind umgerechnet 1,-- DM.

Sanskrit-Druckerei

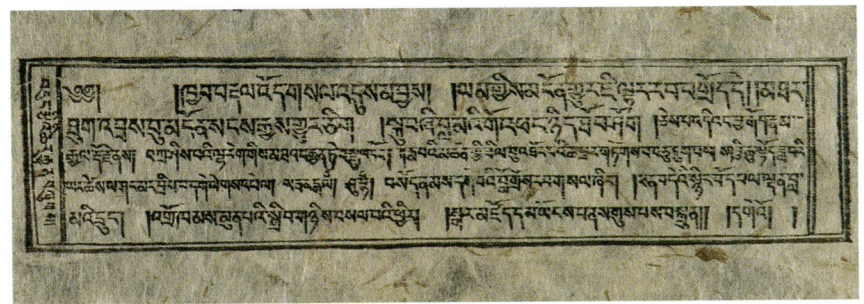

Seite eines Sanskrit-Gebetbuches

Meine Begleiterin schmeißt leider das Handtuch, die „luftige" Höhe fordert wieder ihren Tribut, so verzieht sie sich in´s Auto, ziemlich weiß im Gesicht, bevor ihr richtig schwindelig wird.

Der begleitende Lama sperrt mir eine Türe neben der Druk-kerei auf, über der ein großes Schild mit folgendem Wortlaut angebracht ist:

„The great golden Reliquary Stupa of his Holiness, the
XVI th Gyalwang Karmapa, Rangjung Rigpae Dorje"

Übersetzung:
Der große goldene Reliquien-Stupa seiner Heiligkeit der
16. Inkarnation des Gyalwang Karmapa.

Meine Gehirnzellen arbeiten nun besonders fleißig, als ich er-fahre, daß das Kloster derzeit ohne seine Inkarnation ist, des 1981 verstorbenen Oberhauptes, der 1959 aus Tibet geflo-hen war, nachdem von den Chinesen das Hauptkloster in Tsurphu zerstört wurde.

In Tibet wurde zwar die 17. Inkarnation ausfindig gemacht, der 1985 geborene Knabe Urgyen Thinley Dorje. Er wurde auch bereits vom Dalai Lama als Nachfolger anerkannt. Doch seit 1992 werden wegen diesem Kind äußerst heftige Machtkämpfe geführt, teilweise zwischen den Rot- und Gelbmützen, einem Neffen des Verstorbenen und die Chinesen scheinen auch nicht unbeteiligt zu sein. Von diesen wurde ein anderes Kind als Inkarnation für den verwaisten Thron ausgewählt. Es wird in Peking erzogen und soll im Sinne der Chinesen das Kloster später leiten. Urgyen Thinley scheint mitsamt seinen Eltern derzeit aus Tibet spurlos verschwunden zu sein. Aus diesem Grunde wird das Kloster Rumtek noch längere Zeit auf seinen 17. Karmapa verzichten müssen.

Beim Betreten des Raumes, in dem der Stupa steht, bittet mich der zuständige Hüter, keinesfalls meine Kamera zu zükken. Man hat schlechte Erfahrungen mit Touristen gemacht, hauptsächlich mit Indern und Italienern, die große Edelsteine aus dem Stupa herausgebrochen und als Andenken mitgenommen haben sollen. Deswegen will man nicht, daß ein Foto dieses Raumes an die Öffentlichkeit gelangt. Haben denn die Touristen vor nichts mehr Respekt? Selbstverständlich halte ich mich an die vorgetragene Bitte. In den Wandnischen ringsum, vermutlich Panzerglas davor, sind alle 16 Inkarnationen dargestellt. Sie sehen aus, als ob sie mumifiziert seien und ihre ursprüngliche Kleidung etwas verkleinert worden wäre.

Daß solch eine Mumifizierung möglich ist, habe ich schon in Hongkong und Ko Samui sehen können. Auch dort sind Mönche mit hohem Ansehen - durch selbsttägige Einnahme bestimmter Kräuter vor ihrem Tod - in „Miniatur" hinter Glas zu sehen. Ein etwas makabrer Anblick, aber andere Länder, andere Sitten und Bräuche.

Nach diesem doch etwas besinnlichen Moment bin ich froh, wieder die Sonnenstrahlen zu sehen und quäle mich noch ein paar Stufen weiter nach oben. In einem separaten Gebäude ist die Bibliothek untergebracht, die schon von außen durch ihre Größe und Bemalung einen imposanten Eindruck auf mich macht. Hier finden die Lamas alles Wissenswerte über den Buddhismus. Das selbe Gebäude verfügt auch über eine Gebetshalle, die nicht ganz so groß ist wie die Hauptgebets- halle, aber nicht weniger beeindruckend. Sie hat wiederum die gleiche Aufteilung, jedoch sind die Teppich-Sitzkissen in Beige-Braun-Tönen gehalten. Dem wunderschönen Buddha am Ende des Raumes kann nicht widerstehen und bitte, foto- grafieren zu dürfen. Es wird mir sogar erlaubt.

Buddha in der Gebetshalle der Bibliothek

90

Vor der Eingangstüre zur Gebetshalle höre ich ein Geräusch, als ob ein Traktor des Weges käme. Was sich mir dann bietet, ist ein Schmunzeln und ein Bild auf jeden Fall wert.

Lamas beim Haare schneiden

Ein etwa 15-jähriger Lama versucht, einem anderen die Haare zu rasieren. Der Rasierapparat ist nicht mehr der Neueste, macht einen fürchterlichen Krach und fällt auch noch laufend aus. Ich frage höflich, ob es möglich wäre, dieses lustige Schauspiel zu knipsen. Der Lama, der seine Haare verlieren soll, faßt sich nämlich laufend auf den Kopf, um sich zu vergewissern, wieviel von seinem Schopf noch vorhanden ist. Er macht den Eindruck, als wisse er nicht, ob er lachen oder weinen soll. Die beiden nehmen es dann doch - wie es scheint - mit einigem Humor.

Beim Rückweg zum Auto treffen wir auf meine Reisebegleiterin und gleichzeitig kommt ein Uniformierter auf mich zu.
Ich bin mir eigentlich keiner Schuld bewußt, aber er will mich
ja auch nicht verhaften, sondern er hat eine Bitte. Neben den
fußballspielenden Jungen vorher habe ich in einer kleinen offenen Hütte einen jungen Mann beim Teig-Kneten beobach-
tet und mich schon gewundert, warum dies nicht in der Klosterküche geschieht. Der Herr in Uniform fragt höflich, ob
ich mich zusammen mit dem Teig-Mann wohl fotografieren
lassen würde und ihm ein Bild zusenden könnte. Natürlich
bin ich dazu bereit, aber nur, wenn sich auch er mit auf's Bild
bannen läßt. Besonders begeistert scheint er davon nicht zu
sein, läßt sich aber überreden. Der „Teigmann" holt nun wieder seine Teigschüssel hervor, stellt sie vor sich auf den Boden und fordert mich auf, trotz ungewaschener Hände mit
ihm gemeinsam zu kneten.
B.K. erzählt uns, daß die Leute hier zu arm sind, um sich
einen Fotoapparat leisten zu können und so nehmen sie jede
Gelegenheit wahr, irgendwie einmal an ein Bild von sich zu
kommen. Wenn dann auch noch eine Touristin mit auf dem
Foto ist, fühlen sie sich gegenüber ihren Freunden bevorzugt.
Es ist klar, daß ich unter diesen Gesichtspunkten das Bild
auch schicke.

Durch die schmalen Wege zwischen den einzelnen Gebäu-
den kommen wir zur Klosterküche, die uns der Koch auch
bereitwillig zeigt und seine übergroßen Töpfe vorführt.

Auch kommen wir zu einer Reparatur-Werkstatt, in der unter
anderem die großen Gebetgongs neu bemalt werden.

Lamas beim Restaurieren eines Gongs

Tief beeindruckt von dem Kloster, vor allem von seiner ruhigen, zufrieden wirkenden Atmosphäre, der Freundlichkeit der Lamas, von der Farbenpracht seiner reichhaltigen Schnitzereien und Malereien ganz abgesehen und von den vermutlich unsagbar wertvollen Schätzen, verlassen wir RUMTEK wieder in Richtung Gangtok.

Gott Ganesh im Kloster Rumtek

Müde kommen wir in unser Hotel zurück und freuen uns auf
einen gemütlichen Abend. Beim Abendessen treffen wir ein
paar andere Touristen, und zwar ein indisches Ehepaar mit
zwei sehr gut erzogenen Kindern aus Kalkutta sowie ein in
Assam lebendes englisches Ehepaar. Letztere erzählen von
ihrem heutigen Ausflug auf 4000 Meter Höhe, bei dem sie
mit ewigem Eis und Schnee Bekanntschaft gemacht haben.
Die beiden träumen von der Stimmung in der Höhe, der klaren Luft und kristallenen Schnee. So ein Ausflug würde mich

schon reizen, aber noch höher hinauf, ich glaube, hier streikt meine Bekannte dann endgültig.

Heute morgen sind wir wieder aufnahmefähig und freuen uns auf die nähere Umgebung von Gangtok. Wir bummeln durch die Stadt und besuchen den bekannten LALL-Markt. Die Bergvölker mit ihren bunten Trachten betreiben hier einen regen Handel. Wir finden für Amal einen Pullover. Seit Beginn unserer Tour hat er den gleichen an, der uns sowieso reichlich dünn erscheint. B.K. hat bereits die Jacke bekommen und beide sollen gleich behandelt werden, da sie sehr liebe, nette und vor allem sehr geduldige Begleiter sind. Amal freut sich riesig über die Neuerwerbung und zieht den Pulli gleich an. Vermutlich wird er getragen, bis er irgendwann auseinanderfällt.

Wenn wir schon im Land des Kardamoms sind, möchten wir dieses Gewürz auch mit nach Hause nehmen. Doch die Verwirklichung dieser Idee ist nicht ganz einfach. Nach längerem Suchen finden wir endlich an der Hauptstraße einen Kardamom-Händler. Unsere Enttäuschung ist aber groß, denn uns wird lediglich frischer Kardamom angeboten, der hier „black" genannt wird. Wir müssen erfahren, daß getrocknete Kapseln (green Kardamom) oder Pulver in Sikkim nicht verwendet werden und auch nicht zu kaufen ist. Aber ein Kilogramm frischen Kardamom, wenn auch in Plastikfolie fest verschlossen, mit nach Hause zu nehmen, ist Unfug. Durch die Luftveränderung fängt das Gewürz mit Sicherheit irgendwann zu schimmeln an und außerdem, wer kann schon diese Menge an Gewürz verkochen oder verbacken.

Hauptstraße in Gangtok

Nach einem kurzen Stop im Hotel für einen kleinen Imbiß fahren wir zum DHUBDI-Kloster, etwas außerhalb von Gangtok gelegen. Dieses Kloster ist eine kleine Anlage, es leben hier auch keine Lamas mehr. In der Mitte befindet sich eine große Anzahl Gebetsmühlen, die von Gläubigen, sogar aus Bhutan und Nepal kommend, gedreht werden. Die Pilger werfen sich auf den Boden und wir hören, daß der Stupa innerhalb des Gebetsmühlen-Rondells als Heiligtum verehrt wird. B.K. verschwindet und macht sich auf die Suche nach einem anwesenden Lama. Sie kommt zurück und bittet uns, mit ihr zu gehen.

Stupa vom Kloster DHUBDI

Der Weg führt zu einem kleinen Gebäude am Rande des Kloster-Geländes. Hier ist zur Zeit ein Ober-Lama zu Besuch und nimmt soeben zwei Taufen vor. Er genehmigt uns, an der Taufzeremonie teilzunehmen, aber ohne zu fotografieren. Mit Verwunderung stellen wir fest, daß diese Taufzeremonie der christlichen sehr ähnlich ist. Auch hier wird etwas geweihtes Wasser über den Kopf des Babys getröpfelt. Als die Gläubigen den Raum verlassen, dürfen wir uns darin umsehen. Der Lama bleibt auf seiner leicht erhöhten Position sitzen und bittet B.K. zu sich. Auf Nepali will der Lama unsere Herkunft, aus welchem Land wir kommen, Religionszugehörigkeit, die Bedeutung des Buddhismus für uns und wie wir zu ihm stehen, wissen. Darüberhinaus interessiert ihn der Grund unseres Aufenthaltes in Sikkim. Anscheinend hat B.K. seine Fragen ausreichend beantwortet; denn wir werden gebeten, gemeinsam vor den Lama zu treten. Mit zusammengefalteten Händen, Fingerspitzen Richtung Stirn, verbeugen wir uns in Ehrerbietung vor ihm. Obwohl B.K. Hinduistin und wir getaufte Christen sind, bekommt jede zur allergrößten Freude, einen heiligen Schal um den Hals gelegt mit den besten Wünschen für unsere weiteren Unternehmungen und für die Zukunft. Wenn ein Lama andersgläubigen Menschen einen solchen Seidenschal überreicht, ist es eine große Ehre, und dies im ältesten der sieben Klöster in Sikkim. Tief ergriffen und still, treten wir unseren Rückweg aus dem Tempelgelände an. Wir begegnen ein paar jungen Lamas und einer davon bemerkt unser momentanes Seelenleben. Er kommt auf uns zu und fragt, ob wir zusammen mit den umgehängten Schals fotografiert werden möchten. Für diese Aufmerksamkeit sind wir alle drei sehr dankbar; auf das Bild bin ich besonders stolz. Wer hat schon die Gelegenheit, daß ihm eine solch hohe Ehre zu teil wird? Dies ist zum Abschied von Gangtok das schönste Erlebnis, das ich mir wünschen konnte. Ich werde mich bestimmt mein Leben lang daran erinnern.

Nach der Verleihung von Gebetsschals

Nach einer geruhsamen Nacht führt uns die Reise heute weiter nach Kalimpong, wieder zurück über die Grenze nach Westbengalen, in´s indische Mutterland.

Meine Reisebegleiterin ist mal wieder froh, in's Tal zu kommen und so genießen wir die Serpentinenstraße abwärts. Die Landschaft erscheint sehr karg. Wenn uns wider Erwarten und maximal stündlich ein Fahrzeug begegnet, bedeutet dies für Amal „großer Verkehr".

KALIMPONG - BIRATNAGAR

Bevor wir in unser gebuchtes Hotel in Kalimpong fahren, machen wir noch einen Abstecher in das Kloster DURBIN. Hier leben derzeit nur wenige Lamas und diese genehmigen uns, alles zu fotografieren, was wir möchten. Oh Schreck, meine Kamera gibt ihren Geist auf und ich bin ziemlich sauer. Anscheinend hat der Elektronik der ewige Wechsel von Bergen und Tälern nicht gut getan. Aber zwei Fotos schaffe ich gerade noch. Das Kloster ist neu renoviert und sehenswert.

Buddha-Statue im Kloster DURBIN

Kloster DURBIN in Kalimpong

Bei unserer Ankunft im Hotel „Silver Oaks" gibt es eine kleine Aufregung, da für B.K. keine Übernachtungsmöglichkeit vorhanden ist. Bevor sie sich ein Zimmer suchen muß, bieten wir ihr an, in unserem Zimmer ein Zusatzbett aufstellen zu lassen, was sie freudig annimmt. Nachdem diese Geschichte geklärt ist, wollen wir uns nun in Kalimpong umschauen. Es ist ein größeres Dorf mit verhältnismäßig schmalen Straßen, aber es sind doch einige Leute unterwegs. In einem kleinen Antiquitätenladen bleibe ich hängen. Mit dem

Inhaber des Geschäftes unterhalten wir uns über Gurkha-Dolche, die aus der Zeit, als die Gurkhas für die Engländer in den Bergen mehr oder weniger als Soldaten eingesetzt wurden, stammen. Während des Gespräches bittet uns der Händler um ein wenig Geduld und läßt uns allein zurück. Als er nach zehn Minuten wieder erscheint, hält er einen alten, mit viel Silber verzierten Gurkha-Dolch in den Händen. Wir erfahren, daß dieses Stück eigentlich Familienbesitz ist. So einen alten, sehr gepflegten Dolch zu finden, ist sehr schwer. Natürlich kann ich nicht widerstehen und erfrage den Preis, den der gute Mann dafür haben möchte. Bei fast 400,--DM erschrecke ich über die Höhe, aber das Souvenir ist es mir wert. Da ich nicht mehr so viel Geld dabei habe, pumpe ich meine Begleiterin an und das Ding gehört mir. Allerdings kommen mir jetzt doch Bedenken über diesen Kauf bezüglich der vor uns liegenden Zollkontrollen. Unsere weitere Tour führt ja von Indien nach Nepal und dort müssen wir auch wieder durch den Zoll kommen. Ich kann nur hoffen, daß mich keiner der Beamten zu genau durchsucht; denn sonst könnte es mit Sicherheit Ärger geben. Mit der Ausfuhr von Antiquitäten ist grundsätzlich in diesen Ländern nicht zu spaßen, entweder man hat eine Genehmigung für die Sachen, die über 100 Jahre alt sind, oder man läßt die Schmuggelei besser bleiben. Also vertraue ich auf mein Glück und packe den Dolch in die Wolldecke (für den Poncho) und das Ganze zu unterst in den Koffer.

Die vergangene Nacht war sehr kurz, denn bereits um 5.00 Uhr morgens starten wir zu der langen Autofahrt von Kalimpong nach Biratnagar in Nepal.

Wir fahren acht Stunden durch eine traumhafte Landschaft, der Nebel steigt zwischen den Bergen langsam auf und gibt dem Ganzen einen malerischen Touch. Die romantischen Bilder, die sich uns bieten, sind in etwa zu vergleichen mit den zu Hause bekannten Tusch-Malereien aus China, es ist alles leicht verschwommen. Am Straßenrand spielen die Affen und sitzen auf den Betonpfeilern. Manche Autofahrer (in dieser Gegend werden es schon mehr) haben vorgesorgt und verfüttern Äpfel an die bettelnden Affen. Über die Straße spazieren Familien von Fasanen. Ein sehr beeindruckendes Erlebnis; hier würde ich gern einmal Urlaub machen. Doch der Wunsch wird mir nie erfüllt werden, denn in dieser Gegend von Westbengalen gibt es absolut keine Möglichkeit zu übernachten. In einem Zelt oder ähnlichem möchte ich keinesfalls die Natur herausfordern; es gibt hier die bengalischen Tiger, von anderem Getier ganz abgesehen. Was mich aber sehr ärgert und sehr traurig macht, ich kann meine Kamera immer noch nicht benutzen und so muß ich die Eindrücke um so mehr in meinem Kopf speichern.

Futter-Transport für die Tiere

Landschaft in Westbengalen

An der indisch-nepalesischen Grenze erwartet uns wieder das gleiche Schauspiel, ein Gewirr von Nationalitäten aller Art und auch wieder die Neugierde des einsamen Alten im Mini-Zollhäuschen.

Pünktlich um 13.00 Uhr erreichen wir aber doch den Flughafen in Biratnagar, hier hebt unser Flugzeug in einer Stunde in Richtung Kathmandu ab. Die Abfertigung für das Gepäck ist sehr seltsam. Die Koffer werden mitten im Aufenthaltsraum abgestellt und dann auf einer altertümlichen Waage gewogen. Anschließend dürfen wir mitsamt dem Gepäck mit einem Angestellten des „Flughafens" endlich einchecken.

Nun kommt der Abschied von B.K. Von dem Fahrer haben wir uns auf dem Parkplatz bereits verabschiedet. Die Reiseleiterin umarmt uns, drückt jeder einen Briefumschlag in die Hand, und legt beiden einen Seidenschal um den Hals. Ich bin sehr gerührt, erst wollte ich unbedingt einen solchen Schal und nun besitze ich gleich drei. Im Briefumschlag steckt eine Karte mit den besten Wünschen für unsere Zukunft.
Eine echte, herzliche Freundschaft, entstanden durch gemeinsame „angenehme Strapazen" ist zu Ende und so trollen wir uns traurigen Herzens in Richtung Flugzeug.

Leider haben wir nurmehr eine Nacht in Kathmandu und müssen dann wieder zurück nach Deutschland. Mit Sicherheit werde ich die vielen schönen Erfahrungen und auch die Freundlichkeit der Menschen nie vergessen. Sikkim ist bisher noch von den Touristen-Strömen verschont geblieben, ein

Land in dem Wanderer und Bergsteiger außergewöhnliche Touren in die Berge des Himalaya unternehmen können. Aber auch für „normale" Besucher bietet dieses Land eine Menge Interessantes.

BUDDHISMUS

In der Mitte des 5. Jahrhunderts vor Christus wurde Buddha geboren. Der Sage nach ist der Prinz Siddharta Gautama unter einem Bo-Baum im Distrikt Lumbini in Nepal zur Welt gekommen. Der Name Siddharta kann übersetzt werden in „Jeder Wunsch wurde erfüllt". Seine Eltern waren Shuddhodana und Maya Gautama aus dem Geschlecht der Shakya, die im südlichen Vorgebirge des Himalaya lebten. Die Mutter starb kurz nach seiner Geburt, der Prinz wurde von der jüngeren Schwester seiner Mutter großgezogen. Bereits im Alter von 7 Jahren erhielt er Unterricht in Literatur und militärischen Fähigkeiten. Infolge seiner bereits frühen militärischen Ausbildung machte er sich Gedanken über das Töten von Menschen und Tieren. Er konnte sich nicht damit abfinden. Aufgewachsen ist der Prinz in jedem erdenklichen Luxus, alle Wünsche wurden ihm von den Augen abgelesen.

Mit 29 Jahren heiratete er und bekam einen Sohn mit Namen Rahula. Nachdem das Kind auf der Welt und so dem Königshaus ein Nachkomme geschenkt war, verließ Prinz Siddharta Gautama mit seinem persönlichen Diener Channa und dem weißen Lieblingspferd Kanthaka den Palast, da er der Meinung war, daß sein bisheriges Leben nicht alles auf der Welt sein kann. Mit zwei Anhängern, Arada Kalama, Udraka Ramaputra und 3 weiteren, namentlich nicht Bekannten, verbrachte er 6 Jahre in einem Wald nahe des Schlosses und hielt strengste Askese. Die 6 Männer lebten nur von dem Allernötigsten, was der Prinz fast mit seinem Leben bezahlt hätte.

Er wollte diesen Ort jedoch erst verlassen, wenn er die endgültige Erleuchtung gefunden hat. Somit begann das Leben Buddhas, und hier tauchte auch erstmals dieser Name für den „Erleuchteten" auf. Nach einigen Jahren traf er die 5 Bettelmönche wieder, die ihn damals verlassen hatten. Den weiteren Lebensweg verbrachten sie dann gemeinsam. 45 Jahre lang zog Buddha durch das Land, predigte und versuchte, alle Menschen von seiner Lebensweise zu überzeugen. Mit 80 Jahren teilte er seinen Anhängern mit, daß er noch 3 Monate zu leben hätte und dann in's Nirwana eingehe. Tatsächlich geschah dies auch, und zwar bekam Buddha ein Essen vorgesetzt, das ihm nicht bekam und er daran starb.

Die letzten Worte an seine Schüler waren lt. einer Überlieferung:
„Macht meine Lehre zu eurem Licht! Vertraut ihr; seid nicht abhängig von irgendeiner anderen Lehre. Werdet selbst Licht. Verlaßt euch auf euch selbst, verlaßt euch nicht auf irgendeinen anderen."

Die Gebote, welche Buddha ausgab, waren und sind:
1. Körperlicher Schmerz und auch leibliche Freuden sind Ursachen aller Leiden. Also sind Gedanken in jeglicher Form zu zügeln, es ist alles vergänglich.
2. Verhütung aller Begierden und die Versuchungen überwinden. Durch Irrtümer fehlgeleitet wird man zum Dämon oder zu einer Bestie.
3. Einander achten und Streitigkeiten vermeiden.
4. Nicht klagen, es ist alles vergänglich.
5. Der Tod ist nur das Ende des körperlichen Lebens.

Die Tugenden des Buddhismus sind:
Verleihung von Glück und Segen an die Menschen.
Durch die Ausübung der Lehre beständiges Wohlergehen.
Aufklärung des einzelnen Menschen, was gut und böse ist.
Das Aufweisen des Weges zur Erleuchtung.
Die Führung des Weges zur Erleuchtung.
Keinen Stolz und keine Prahlerei.
Unbeirrbares Bemühen, anderen Glück zu bringen.
Er hält, was er verspricht und läßt seinen Worten Taten folgen.

Der Buddhismus ist eine Religion ohne einen „richtigen" Gott, der angebetet wird. Es ist kein Glaube an einen Gott, sondern an die göttlichen Kräfte in sich selbst. Er lehrt, geistigen Frieden mit sich selbst zu schaffen und versucht, das Denken und die Lebensweise so zu verändern, daß alles, was im Leben auf einen zukommt, ohne Probleme überwunden werden kann. Buddhisten wie auch Hindus glauben an eine Wiedergeburt. Wenn die Buddhisten ein verantwortungsvolles Leben geführt haben, kommen sie in's Paradies.

„Buddhas Weisheit ist so unendlich wie der weite Ozean und sein Geist ist von großem Mitleid erfüllt. Buddha hat keine Gestalt, aber er offenbart sich auf erhabene Weise und führt uns mit seinem ganzen mitfühlenden Herzen".
Diese Worte sind die Einleitung zur Lehre Buddhas, die in vielen Hotels zusammen mit der Bibel der Christen vorhanden ist.

Durch die Übersetzung der buddhistischen Texte in Pali und in Sanskrit kamen verschiedene Auslegungen zustande.

110

Das war der Anfang der beiden Haupt-Abspaltungen von „Hinayana" (kleiner Wagen oder kleines Schiff) und „Mahayana" (großer Wagen oder großes Schiff). Je nach Ländern gibt es noch weitere kleinere buddhistische Aufteilungen.

Der Unterschied zwischen Hinayana und Mahayana liegt hauptsächlich in folgenden Punkten:
Was die Wirklichkeit betrifft, vertritt der Hinayana-Buddhismus, genau wie Buddha selbst, einen psychologischen Realismus, das Mahayana aber einen Idealismus. Das Hinayana hält das Leiden für eine Tatsache, das Mahayana jedoch für Schein.
Das Hinayana bestreitet die Existenz eines Seins und sieht im Geist aus wie eine Flamme, die es auslöschen kann. Es löst sich auf in nichts.
Das Mahayana erkennt in vielen Formen ein Absolutes. In ihm sind die Erscheinungen nur Spiegeleien der Facetten ein und desselben Kristalls.
Das große Fahrzeug sieht auch in Buddha selbst nur eine Scheinproduktion, das kleine Fahrzeug aber erkennt Buddha als Mensch und Lehrer.
Hinayana ist die strengere Form des Buddhismus, während das Mahayana die weltoffenere Ausgabe ist.
Das Hinayana will die Welt als leidvoll und böse überwinden, im Mahayana soll allem geholfen werden. Bis auf ein paar Fanatiker, die leider in jeder Religionsgemeinschaft vorhanden sind, leben zum Teil beide Abspaltungen im selben Kloster.

Zum besseren Verständnis ein paar Übersetzungen der doch recht fremdländischen Namensbezeichnungen:

Dalai Lama	Geistliches Oberhaupt der Buddhisten; wird übersetzt in Lehrer, dessen Weisheit so groß wie der Ozean ist. Der jetzige ist der 14. Dalai Lama und eine Inkarnation des 13. Dalai Lama.
Bodhisattva	ist Sanskrit und bedeutet Erleuchtungswesen Ein Bodhisattva verzichtet so lange auf die Tugendvollkommenheit, die nur zum Buddha führt, bis alle Wesen erlöst sind. Er geht so lange nicht in das Nirwana ein.
Nirwana	ist ebenfalls Sanskrit und bedeutet Paradies. Die wörtliche Übersetzung ist mit Erlöschung des Lebens gleichzustellen.
Nibbana	ist die gleiche Auslegung für Paradies, jedoch in Pali.
Pali	ist ein Dialekt, der sich vom Sanskrit ableitet. Er soll angeblich die Sprache von Buddha selbst gewesen sein.
Sanskrit	wird wörtlich übersetzt in „vollkommen, vollendet und endgültig". Es ist die weitverbreiteste Übersetzungssprache. Für uns unlesbar.
Dharma	wird in „Rechtschaffenheit, Grundlage der menschlichen Moral und Ehtik" übersetzt. Für ein gutes Dharma kommt am Ende des Lebens das Nirwana.
Zen	nennt sich die Schule des Mahayana-Buddhismus in Japan.

Die 10 wichtigsten Jünger von Buddha:

Mahakashyapa	1. Patriarch der indischen Linie.
Ananda	Patriarch des Zen, der viel gehört hat.
Shariputra	hat sich durch seine Weisheit ausgezeichnet und ist lt. Hinayana der wichtigste Schüler.
Pürna	der Erklärer des Dharma.
Mahamaudgalyayana	er hat sich durch seine übernatürlichen Kräfte ausgezeichnet.
Katyayana	der Meister der Diskussion.
Aniruddha	Meister der Verwendung des himmlischen Auges.
Upali	zuständig für Disziplin und Rituale.
Rahula	Sohn von Buddha und Meister esoterischer Handlungen.
Subhüti	der Erklärer der Leerheit der Seienden

HINDUISMUS

Der Hinduismus ist etwa 500 Jahre vor dem Buddhismus entstanden und somit die älteste bekannte Religionsgemeinschaft. Er weist im Gegensatz zum Buddhismus eine unheimliche Menge und Vielfalt bunter Gottheiten auf, die einzeln das Gute und das Böse darstellen und denen gehuldigt wird. Beiden Glaubensrichtungen liegt die Wiedergeburt zugrunde. Im Hinduismus erfolgt diese in einen höheren Stand, je mehr der Einzelne in seinem Leben Gutes getan hat.

Im Hinduismus kann die Wiedergeburt, wenn ein Leben schlecht war, auch als Tier erfolgen und davor haben die Hindus panische Angst. Dies ist auch ein Grund, warum im Hinduismus sämtliche Tiere als heilig verehrt werden; denn es könnte ja ein Vorfahre sein, der hier als Wiedergeburt spazierengeht.

Im Hinduismus sind die Menschen in verschiedene Kasten eingeteilt, und zwar nach ihrer Abstammung. Die oberste Schicht sind die Brahmanen und die Gelehrten, dann kommen nacheinander die freien Bauern und gehobenen Handwerker, hierzu zählen aber nicht die Handwerker, die schmutzigere Arbeit verrichten. Zu diesen niedrigen Arbeitern gehören Leute, die mit Leder, das von Tieren stammt, in irgendeiner Form zu tun haben, Müllarbeiter, Straßenkehrer, Putzleute und auch Bedienungspersonal. Die Ärmsten der Armen gehören zu den Parias. Leider werden sie von den Mitgliedern höherer Kasten oft schlechter als Tiere behandelt. Die Krieger sind hoch angesehen, sie kommen nach Politikern und Gelehrten, wie Philosophen. Der Hindus größter Wunsch ist es, entweder im jetzigen Leben zu einem heiligen Fluß zu pilgern - dazu nehmen sie irrsinnige Strapazen

114

auf sich - oder - noch besser ist, an einem heiligen Fluß, möglichst während einer Pilger-Reise zu sterben, dort auf einem Scheiterhaufen verbrannt und als Asche in den Fluß gestreut zu werden. Alles das ist die beste Voraussetzung für eine Wiedergeburt in einer höher gestellten Position als der bisherigen.

Die Tempelbauten sind zum größten Teil sehr bunt, mit tausenden von Gottheiten geschmückt und manchmal halbe Städte. Der Hinduismus ist auch eine verhältnismäßig laute Religion. Beim Anrufen der wichtigsten Götter wird mit einer großen Glocke gebimmelt. Während solcher Messen wird den Gläubigen Ganges-Wasser tropfenweise zum Trinken in die Handflächen gegeben, sie erhalten vom Priester oft einen gelb/orangen Punkt auf die Stirn und ein Bändchen um das Handgelenk. Dieses Bändchen wird so lange getragen, bis es sich von selbst auflöst. Es soll den Besitzer immer daran erinnern, daß er zum Beispiel bei Wutanfällen, diese besser unterdrückt, um dadurch eine glückliche Wiedergeburt zu erlangen.

Die Hauptgottheiten sind BRAHMA, VISHNU und SHIVA.

Brahma   ist der erste Gott und gilt als Schöpfer des Universums. Er wird oft mit 4 Gesichtern und 4 Armen dargestellt, in denen er einen Gebetskranz hält. Die Zahl „4" steht für die Himmelsrichtungen, sie ist ausschließlich Göttern vorbehalten.

Vishnu wird als Sonnengott verehrt, er hat angeblich mit 3 Schritten den Weltenraum vermessen. Er gilt als Symbol für Aufschwung und ist zugleich Hüter des Dharma, also eines guten Lebens, das Voraussetzung für eine positive Wiedergeburt ist. Seine Gemahlin ist Lakshmi und sein Gefährt ist der Vogel Garuda. Sein Bett besteht aus Schlangen. Auch er wird mit 4 Armen dargestellt. Seinen Füßen soll der heilige Fluß Ganges entsprungen sein.

Shiva ist der gütige Gott, aber auch für die Auflösung von allem stehend. Sein Symbol ist der Lingam. Er wird oft mit seiner Gemahlin Shakti während der Vereinigung dargestellt. Der Lingam wird von jungen Frauen sehr verehrt, mit Blumen geschmückt und um reichen Kindersegen gebeten.

Auch der Hinduismus hat größere Abspaltungen, eine davon ist der Jainismus, der hauptsächlich in Südindien beheimatet ist. Er ist etwa zur gleichen Zeit wie der Buddhismus entstanden.

Zur Vereinfachung der bekanntesten Gottheiten ein paar
Übersetzungen:

Dharma	in der Hindu-Religion für tragendes Prinzip, Wahrheit, Weltgesetz.
Durga	auch in den Erscheinungsformen der blutrünstigen Göttin Kali oder der Frau von Shiva, Parvati.
Indra	Gewitter- und Kriegsgott.
Kama	der indische Liebesgott.
Lakshmi	Göttin der Schönheit und des Glücks, mit Vishnu verheiratet.
Lingam	Name für Geschlechtsglied.
Nandi	der heilige weiße Stier, Symbol für Zeugungskraft und auch Reittier des Gottes Shiva.
Paria	die Unberührbaren, oder auch kastenlosen Inder.
Rama	der königliche Held, der gegen Dämonenkönig Ravana kämpft.
Saddhu	auch nur Sadhu geschrieben, gilt für gerade und rechtschaffen, es ist ein Ehrenname der umherziehenden Asketen.
Sarasvati	Göttin des Wissens und der Beredsamkeit. Auch eine Frau von Brahma, sie hat ebenfalls 4 Arme.

REZEPTE aus DARJEELING und SIKKIM

Macher Jhol (Westbengalisches Fisch-Curry)

Zutaten:
750 gr. weiße Fischkoteletts oder -filets
2 Teelöffel Salz
1 Teelöffel Gelbwurzpulver (Kurkuma)
Senföl zum Braten
1 große Kartoffel, in Spalten geschnitten
1 kleine Aubergine, in Scheiben geschnitten
1 Tasse Wasser
4 grüne Chilis, entsamt und längst halbiert

Masala
1 Teelöffel Kreuzkümmelsamen
1 Teelöffel Fenchelsamen
1 Teelöffel schwarze Senfsamen
½ Teelöffel Bockshornklee-Samen (Methi)
½ Teelöffel Nigella-Samen (Kalonjii)

Zubereitung:
Den Fisch trocken tupfen, von beiden Seiten mit Salz und Gelbwurzpulver bestreuen und 5 Minuten ruhen lassen. Öl in einer Pfanne erhitzen und den Fisch von beiden Seiten goldbraun braten, beiseite stellen und ruhen lassen. Im selben Öl die Masala-Gewürze sautieren, bis sie zu knistern beginnen. Dann Kartoffel und Auberginenscheiben zugeben und sautieren, bis sie gut mit der Gewürzmischung bedeckt sind. Nun Wasser angießen und köcheln, bis das Gemüse weich ist. Schließlich Fisch und Chilis zufügen, durchwärmen und mit Reis servieren.

Erklärung für Bockshornklee:

Kräftig im Geschmack sind die beinahe würfelförmigen, harten, gelb-braunen Samen der Pflanze. Sie werden meist im Ganzen an die Speisen gegeben und tauchen oft in der Gewürzmischung für Eingelegtes auf. Die Blätter des Bockshorn-Klees finden als Gemüse Verwendung und werden in der Regel mit anderen Gemüsen oder Kartoffeln kombiniert, da sie bitter schmecken. Als Ersatz eignet sich Spinat. Getrocknete Bockshorn-Kleeblätter (Methi) werden manchmal zum Würzen verwendet. Eine verwandte Art, Kassori Methi, wird im nordwestlichen Grenzgebiet gern zu Gerichten gegeben. Man sollte sich die Mühe machen, getrocknete Methi in indischen Spezialgeschäften zu kaufen, denn ihr Geschmack bereichert die Speise merklich.

Erklärung für Niggela-Samen:

In Indien nennt man diese kleinen schwarzen Samen Kalonjii. Man kann sie notfalls weglassen. Für Brotrezepte eignen sich als Ersatz schwarze Sesam-Samen.

Erklärung für Teufelsdreck:

Dieses stark riechende Harz wird aus einer persischen Pflanze gewonnen und soll die Verdauung fördern. Es heißt „Hing" in Indien und wird nur in kleinen Mengen (Erbsengröße) benutzt oder in Pulverform, wobei meist eine Prise genügt, um den besonderen Geschmack zu erzielen.

Lucchi (Fritiertes Brot)

Zutaten:
1 Tasse Mehl
½ Teelöffel Salz
1 Eßlöffel feiner Weizengries
1 Teelöffel Fenchelsamen, geröstet und gemahlen
1 Eßlöffel Öl
¼ Tasse Wasser
Ghee (Butter) oder Öl zum Fritieren

Zubereitung:
Mehl und Salz in eine große Schüssel sieben, Gries und Fenchel dazugeben und gut mischen. Öl und Wasser zusammenrühren und mit den trockenen Zutaten zu einem geschmeidigen Teig verarbeiten. Die Schüssel mit einem Tuch zudecken und den Teig 15 Minuten ruhen lassen.

Anschließend 8 Teigbälle formen, einzeln mit der Handfläche flachdrükken und auf eine Größe von 10 - 12 cm ausrollen. Ghee (Butter) oder Öl in einem Wok sehr heiß werden lassen und den Teig portionsweise fritieren. Dabei immer etwas heißes Öl auf das Auszubackende gießen, damit es aufgeht. Dann den Teigball umdrehen und auch auf der anderen Seite goldbraun backen.

Lucchi sind Puri ähnlich; zu ihrem Teig fügt man allerdings Weizengries und Fenchel dazu.

Jal Jeera (Pikanter Kreuzkümmel-Trunk)

Zutaten:
2 Eßlöffel schwarzer Kreuzkümmel
2 Teelöffel Mangopulver
1 Teelöffel Ingwerpulver
½ Teelöffel schwarze Pfefferkörner
1 ½ Teelöffel getrocknete Minze
½ Teelöffel Chilipulver
¼ Teelöffel Carom-Samen (Ajwain)
¼ Teelöffel Teufelsdreck
4 Nelken
1 ½ Teelöffel Steinsalz
1 Teelöffel Feinsalz

Zubereitung:
Alle Zutaten in einer trockenen Pfanne rösten, bis sie zu duften beginnen. Etwas abkühlen lassen und dann pulverisieren. In einem festverschlossenen Glas aufbewahren. 1 Teelöffel des Pulvers in ein Glas Wasser rühren. Dann 1 Teelöffel Minze-Koriander-Chutney sowie ¼ Teelöffel Zucker hinzufügen. Mit Minzeblättern garnieren.

Pudina Ki Chatni (Minze-Koriander-Chutney)

1 Tasse Korianderblätter
½ Tasse Minzeblätter
2 grüne Chilis, gehackt
1 cm Ingwer, gehackt
3 Knoblauchzehen, gehackt
2 Teelöffel Joghurt
1 Teelöffel Zucker
½ Teelöffel Chilipulver
Salz nach Geschmack
1 Teelöffel Chaat Masala
Zitronensaft nach Geschmack

Alle Zutaten im Mixer fein zerkleinern.

Chingdi Macher (Sahniges Garnelen-Curry)

Zutaten:
2 cm Ingwer
6 Knoblauchzehen
½ Teelöffel Kreuzkümmel
3 Eßlöffel Senföl
1 Lorbeerblatt
4 Nelken
5 cm Stück Zimtstange
4 grüne Kardamom-Schoten, zerstoßen
1 große Zwiebel, gehackt
4 grüne Chilis, entsamt und gehackt
Salz nach Geschmack
½ Tasse Wasser
500 gr. Garnelen, geschält und ohne Darm
1 Tasse dicke Kokosmilch
1 Teelöffel Zucker
gehackte Korianderblätter zum Garnieren

Zubereitung:
Im Mixer Ingwer, Knoblauch und Kreuzkümmel zu Paste verarbeiten. Lorbeerblatt, Nelken, Zimt und Kardamom in heißem Öl anbraten, bis sie zu duften beginnen. Dann Zwiebeln hinzugeben und 5 Minuten sautieren. Nun grüne Chilis sowie Ingwer-Knoblauch-Paste zufügen. Nach weiteren 2 Minuten salzen und Wasser angießen. Unbedeckt 5 Minuten kochen lassen, dann die Garnelen weitere 3 Minuten mitkochen. Schließlich Kokosmilch zugießen und die Garnelen gar kochen. Zucker einrühren und mit Korianderblätter garniert servieren.

INFOS

Flug-Tickets

   ab Düsseldorf
Frankfurt
München

Herzog-Rudolf-Str. 3 · D-80539 München · Tel. 089/2900 3950 · Fax 089/2900 3944

Reise-Veranstalter in Kathmandu

Krishna International Travel & Tours Ltd.
Tripureshwar
P.O.Box 4788
Kathmandu - Nepal
Fax: 00977 - 1 - 229980

Hotel-Empfehlungen

Hotel Himalaya
Sahid Sukra Marg, Lalitpur
P.O.Box 2141
Kathmandu - Nepal
Fax: 00977 - 1 - 523909

Prince Hotel
Milandu, Chakupat, Patan
P.O.Box 12735
Kathmandu - Nepal

Hotel New Elgin
Darjeeling 734101 India
Fax: 0091 - 354 - 54267

Hotel Mt. Pandim
Pemayangtse
W. Sikkim - India

Nor-Khill Hotel
Gangtok 737101 India
Fax: 0091 - 3592 - 23187

Hotel Silver Oaks
Kalimpong 734301 India
Fax: 0091 - 3552 - 55368

Visa-Anträge für Indien und Sikkim

Für die Stadt München:
Indisches Konsulat
Hanauer Straße 46
D-80992 München
Tel. 089 - 3821 1655

Jeweils am 1. und 3. Donnerstag des Monats von 10.00 Uhr
bis 12.00 Uhr und von 16.00 Uhr bis 17.00 Uhr geöffnet
für persönliche Besuche. Benötigt werden 2 Paßfotos. Die
Visa für Indien und Sikkim werden zusammen direkt in den
Paß eingestempelt.

Für alle anderen Bundesländer:
Indische Botschaft (Konsularabteilung)
Baunscheidtstraße 7
D-53113 Bonn
Tel. 028 - 540 5132 oder 540 5133

Die Gültigkeitsdauer eines Visums beginnt mit dem Tag der Ausstellung.
Ausnahme: Touristen-Visum gültig für 3 Monate, gerechnet vom Tag der ersten Einreise; die erste Einreise muß jedoch innerhalb von 3 Monaten nach Ausstellung des Visums erfolgen.
Ein Besuch in Sikkim ist nur für maximal 15 Tage möglich.
Die Erlaubnis für Trekkingtouren sollte mindestens 4 Wochen vor Reise-Antritt eingeholt werden.

Visa-Anträge für Nepal

Honorarkonsulat mit Visum-Erteilung
Flinschstraße 63
D-80388 Frankfurt / Main

Honorarkonsulat mit Visum-Erteilung
Ehrenbreitsteinerstraße 44
D-80993 München

Grundsätzlich gilt für alle Visa-Anträge: der Paß muß nach Beendigung der Reise noch eine Gültigkeitsdauer von 6 Monaten aufweisen. Die Kosten liegen bei 35,-- DM.

Zeitunterschiede

Nepal	im Sommer	MEZ + 3 ¾ Stunden
	im Winter	MEZ + 4 ¾ Stunden
Indien	im Sommer	MEZ + 3 ½ Stunden
	im Winter	MEZ + 4 ½ Stunden

Wechselkurse (Stand 1996)

Nepal   1 Deutsche Mark = 30 Nepalesische Rupien

Indien   1 Deutsche Mark = 20 Indische Rupien

Die Einfuhr einheimischer Währung ist verboten.

Beste Reisezeit und Klima

Nepal   Oktober bis März, nachts 5 Grad bis zu
                 Minus-Graden, tagsüber bis zu 24 Grad.

Im Sommer ist Regenzeit und die Straßen deswegen teilweise nicht passierbar. Trekking-Touren in die Berge sind möglich.

Sikkim   Dezember bis Februar, nachts 2 Grad bis zu
                 Minus-Graden, tagsüber bis zu 20 Grad.
                 Klare Bergsicht!

Herbst und Frühjahr ist die angenehmste Reisezeit, die Berge sind jedoch öfters wolkenverhangen.

Von mir zu empfehlende Medikamente

Octenisept *   zur Wunddesinfektion

Soventol Gel *   gegen Sonnenbrand und
                                Insektenstiche

Schmerztabletten *

Tannacomp Filmtabletten *   gegen Durchfall

Tyrosur *   als Lokalantibiotikum

Verbandsmaterial

Zanzarin *   Bio-Hautschutz-Lotion gegen
                                Mücken und Zecken

* Wichtiger Hinweis:
Zu Risiken und Nebenwirkungen lesen Sie bitte die Packungsbeilage und fragen Sie Ihren Arzt oder Apotheker.

Weiter empfehle ich, grundsätzlich Medikamente mit dem Arzt abzustimmen; dies gilt insbesondere für bereits medikamentös versorgte Patienten, wie zum Beispiel Diabetiker oder sonstige. Ebenso sollte prinzipiell die persönliche Verträglichkeit überprüft werden.

Persönliche Notizen

Taschen,
Schokold,
ASS
Magnes,
Messer
Kelise
Pflaster
Kohozene, 2x
Hs kamera ?,
Handsch,
Seral
Mütze (Dorfe)
Pflaster